京津冀

京津冀创新资源配置研究

RESEARCH ON
THE ALLOCATION OF INNOVATION RESOURCES IN
THE BEIJING–TIANJIN–HEBEI REGION

陈红军◎著

经济管理出版社
ECONOMY & MANAGEMENT PUBLISHING HOUSE

图书在版编目（CIP）数据

京津冀创新资源配置研究/陈红军著．—北京：经济管理出版社，2019.4
ISBN 978-7-5096-6420-9

Ⅰ.①京…　Ⅱ.①陈…　Ⅲ.①技术革新—资源配置—研究—华北地区　Ⅳ.①F124.3

中国版本图书馆 CIP 数据核字（2019）第 035953 号

组稿编辑：范美琴
责任编辑：范美琴
责任印制：黄章平
责任校对：王淑卿

出版发行：经济管理出版社
（北京市海淀区北蜂窝 8 号中雅大厦 A 座 11 层　100038）
网　　址：www.E-mp.com.cn
电　　话：（010）51915602
印　　刷：北京玺诚印务有限公司
经　　销：新华书店
开　　本：720mm×1000mm/16
印　　张：14.25
字　　数：205 千字
版　　次：2019 年 4 月第 1 版　　2019 年 4 月第 1 次印刷
书　　号：ISBN 978-7-5096-6420-9
定　　价：58.00 元

前　言

随着全球经济一体化进程的加快，一个国家的经济发展更多的是依赖一个区域或城市群的发展。京津冀、长三角、珠三角都市圈成为中国经济发展的新引擎，京津冀协同发展已经成为国家战略。京津冀都市圈是中国人口最稠密、资源密集度最高、科研实力最强的地区，且拥有良好的战略性新兴产业发展基础。它肩负着领导中国参与新一轮世界科技革命和产业变革的重要使命。但是京津冀三地由于处于不同的发展阶段，受传统行政区划和管理体制机制的影响与限制，存在创新要素分布不平衡、创新资源整合共享不足等问题，还没有形成区域创新统一协调分工的格局。创新链、产业链和资本链的对接融合还不够充分，创新合作机制尚待完善，还没有形成区域一体化的创新生态体系，创新驱动的能量还没有得到充分挖掘和发挥。

创新是京津冀协同发展的主要驱动力和本质要求，创新资源优化配置是打造京津冀协同创新共同体的基础和前提。为了更好地构建京津冀协同创新共同体，本书主要围绕以下问题进行研究：①哪些因素影响京津冀的创新资源配置效率？②哪些因素影响京津冀产学协同创新资源配置方式？③创新要素的集聚与扩散如何影响京津冀的创新资源空间配置？④京津冀的创新资源配置路径如何发展？

在京津冀协同发展的大背景下，本书对创新资源内涵、创新资源配置系统进行了明确界定。基于协同创新理论、系统理论、资源配置理论和空间政治经济学理论，本书对创新要素、创新主体、创新载体和创新环境进行了系统性的论证，构建了区域创新资源配置理论分析框架，指出创新资源配置包含生产的自然属性和社会属性，是两者的辩证统一。创新资源优化配置既要发挥市场在资源配置中的决定性作用，又要更好地发挥政府的作用。京津冀创新资源配置系统应围绕创新资源配置效率、配置方式、配置机制以及配置途径展开。

本书构建了有效评测创新效率的随机前沿分析（SFA）改进模型，对京津冀的创新资源配置效率及其影响因素进行了深入分析，得出京津冀的创新资源配置效率的总体特征，弥补了随机前沿分析方法在测量多投入、多产出创新效率问题方面的不足。通过引入随机误差项和外生变量，将纯随机误差与无效率值加以区分，采用一步法进行回归，提高了创新资源配置效率测度的准确性。同时，基于面板数据，考虑效率随时间变化的影响，可靠性更高。

本书基于多维邻近性视角对京津冀产学协同创新影响因素进行实证研究。由于现有研究大部分是从影响产学合作关系形成的绩效（专利数量）展开微观研究，尚缺乏影响合作关系过程的研究。本书以是否达成产学合作关系作为研究对象，对影响跨区域产学合作关系的因素进行了系统的理论分析，采用 1∶1 数据配伍设计，构建了基于共同联合申请专利作为因变量的稀有事件回归（Rare Events Logistic）实证模型，对影响产学合作关系形成的指标变量进行了实证检验，从而弥补了以往基于创新绩效分析和 Logistic 回归研究的不足。

本书基于产业转移、区域协同创新理论，运用空间政治经济学的理论与方法，对京津冀产业转移动因、转移过程和转移效果进行数理分析。空间政治经济学比“政治经济学”更加强调空间内生化因素，更加强调城市发展和经济集聚对于现代经济增长的意义，同时又比“空间经济学”更强调政治经济学因素所导致的资源误配和空间无效率。因此，本书从一个新的视域，利用空间政治经济学的理论与方法，将“适应度”和“竞争”概念引入创新资源空间配置分析框架，构建了创新要素、产业和空间结构的配置分析框架，对京津冀的创新资源集聚与扩散对产业体系和空间结构的影响机制进行了理论分析，厘清了创新要素资源流动对产业转移的影响机理，可为京津冀协同创新共同体的建设提供政策依据和参考。

本书的研究内容、研究方法和研究结论是为有序疏解北京非首都功能、构建京津冀协同创新共同体、打造“以首都为核心的世界级城市群”进行创新资源配置的有益探索。可以为今后深入研究人口密集度高的区域如何实现均衡协同发展提供理论基础，同时，也可为都市圈进行体制机制改革提供理论依据和决策参考。

由于受到数据资料获取渠道、个人研究能力、时间限制等因素的制约，本书的研究难免有偏颇和疏漏之处，敬请广大读者批评指正，不吝赐教。同时也希望本书的出版对该领域的研究者有所帮助，祝愿他们在该领域取得更有价值和意义的成果。

最后，感谢我的工作单位北京经济管理学院对本书研究和出版的大力支持！感谢经济管理出版社评审本书的各位专家、学者，感谢范美琴编辑对本书出版付出的辛勤劳动！

陈红军

2019 年 1 月

目 录

第一章 绪 论

第一节 研究背景及意义 …… 003
一、研究背景 …… 003
二、研究意义 …… 006
第二节 研究内容及结构 …… 008
一、主要内容 …… 008
二、技术路线 …… 009
第三节 研究方法 …… 009
第四节 主要创新点 …… 011
一、构建了京津冀创新资源配置的理论分析框架 …… 011
二、对京津冀创新资源配置效率及其影响因素进行实证研究 …… 012
三、基于多维邻近性视角对京津冀产学协同创新影响因素进行实证检验 …… 012
四、基于空间政治经济学的理论与方法，对京津冀创新资源集聚与扩散影响产业空间配置的机制进行数理分析 …… 012

第二章 相关研究综述及概念界定

第一节 都市圈相关研究的评述 …… 017
一、都市圈内涵的研究 …… 017

二、都市圈发展机制的研究 …… 020
三、都市圈协同创新模式研究 …… 026
四、相关研究评述 …… 028
第二节 有关区域创新系统研究的评述 …… 029
一、区域创新系统的概念研究 …… 029
二、区域创新系统的运行机制和模式研究 …… 031
三、区域创新系统的构建研究 …… 034
四、相关研究评述 …… 036
第三节 有关创新资源配置的研究评述 …… 036
一、创新资源配置比较研究 …… 037
二、创新资源配置效率研究 …… 037
三、创新资源配置方式研究 …… 039
四、创新资源配置途径研究 …… 040
五、相关研究评述 …… 040
第四节 空间政治经济学的研究评述 …… 041
第五节 相关概念界定 …… 045
一、创新资源的内涵 …… 045
二、创新资源的特点 …… 048
三、创新资源配置的界定 …… 050
四、创新资源配置系统的形成 …… 050
本章小结 …… 054

第三章 京津冀创新资源配置状况与国内外都市圈的比较

第一节 引言 …… 057
第二节 京津冀 R&D 财力要素资源配置状况 …… 058
一、R&D 经费总量配置 …… 059
二、R&D 经费结构配置 …… 061

第三节 京津冀 R&D 人力资源配置状况 …… 062
一、R&D 人力总量配置 …… 062
二、R&D 人力结构配置 …… 064
第四节 京津冀创新主体配置状况 …… 066
一、规模以上工业企业 …… 066
二、研究与开发机构 …… 068
三、高等院校 …… 069
第五节 京津冀与国内外都市圈的比较 …… 071
一、京津冀都市圈与世界五大都市圈的比较 …… 071
二、京津冀都市圈与长三角、珠三角都市圈的比较 …… 074
本章小结 …… 078

第四章 京津冀创新资源配置效率研究

第一节 引言 …… 081
第二节 创新资源配置效率的定义 …… 083
第三节 面板数据随机生产前沿模型 …… 085
一、基本模型 …… 085
二、BC（1995）面板数据随机前沿模型 …… 086
第四节 投影寻踪模型 …… 087
一、数据归一化处理 …… 087
二、构造投影指标函数 …… 088
三、优化投影指标函数 …… 089
四、指标权重的获取 …… 089
五、样本投影特征值计算 …… 089
第五节 投入产出指标和外生变量的选取 …… 090
一、产出指标 …… 090
二、投入指标 …… 090

三、影响创新资源配置效率的外生性因素 …… 092
第六节 实证研究分析 …… 093
一、样本与数据 …… 093
二、实证模型 …… 093
三、实证结果分析 …… 095
本章小结 …… 103

第五章 京津冀创新资源配置模式研究

第一节 引言 …… 107
第二节 理论分析与研究假设 …… 109
一、地理邻近性 …… 110
二、制度邻近性 …… 111
三、技术邻近性 …… 112
四、邻近性的交互作用 …… 113
第三节 研究设计 …… 116
一、样本与数据 …… 116
二、匹配样本设计 …… 117
三、实证模型 …… 118
第四节 变量与测量 …… 118
一、因变量 …… 118
二、自变量 …… 119
三、控制变量 …… 121
第五节 实证结果分析 …… 122
一、描述性统计 …… 122
二、回归结果分析 …… 125
本章小结 …… 130

第六章 京津冀创新资源配置机制研究

第一节 引言 …… 135
第二节 创新资源集聚与扩散机制分析 …… 137
一、创新资源循环累积因果效应 …… 139
二、创新资源拥塞效应 …… 142
三、创新资源空间配置效应 …… 143
第三节 产业转移的空间政治经济学数理分析 …… 144
一、产业空间转移动因 …… 146
二、产业空间转移过程 …… 151
三、产业空间转移效果 …… 152
本章小结 …… 157

第七章 京津冀创新资源配置路径及建议

第一节 引言 …… 161
第二节 京津冀创新资源配置的基本路径 …… 162
第三节 京津冀创新资源配置的政策建议 …… 164
一、强化协同创新支撑 …… 164
二、完善区域创新体系 …… 168
三、整合区域创新资源 …… 171
本章小结 …… 172

第八章 总结与展望

第一节 总结 …… 177
一、主要工作和结论 …… 177

二、主要贡献 …………………………………………………………… 181
第二节　进一步研究的方向 …………………………………………… 182

附录 1　随机前沿模型数据 ………………………………………… 185
附录 2　中国区域 2005~2013 年 R&D 资本存量 ………………… 187
附录 3　中国 2008~2017 年区域创新能力综合效用值 ………… 189
附录 4　京津冀 2000~2016 年产学合作基本情况 ……………… 191

参考文献 ……………………………………………………………… 193

第一章

绪 论

第一节　研究背景及意义

一、研究背景

（一）创新是京津冀协同发展的主要驱动力和本质要求

京津冀协同发展已成为国家战略。我国经济发展已进入新常态，为了实现国家创新驱动发展战略，必须要调整经济结构，产业转型升级，优化产业布局，促进区域平衡发展，必须探索一套适合中国区域经济持续稳定发展的新模式、新途径和新方法。京津冀协同发展承担着这一历史重任，要充分发挥引领带动作用，成为全国创新驱动经济增长的新引擎。创新成为京津冀协同发展的内在机制，只有把创新作为自身发展的驱动力，才能起到引领和带动作用。

京津冀协同发展出现的问题和矛盾，用传统的方法已经无法解决，必须用改革创新来开路破题。京津冀协同发展的主要任务是疏解北京非首都功能，调整产业结构，优化空间布局。主要目标是构建优势互补、区域均衡发展的新格局，打造世界级城市群。疏解非首都功能和增强首都功能是相辅相成的。疏解非首都功能，就是要解决北京“大城市病”，把不适宜在北京继续发展的产业和企业调整疏解到天津、河北及其他区域；要解决北京对天津、河北的“虹吸”效应，发挥北京带动和辐射效应，实现协同发展。疏解不是简单的企业搬迁、产业外移，必须在搬迁的过程中进行企业组织结构和产权结构的创新，实现经营和管理模式的创新，实现技术的创新、产品的创新和工艺材料的创新，同时也要实现企业和产业创新能力的增强。在疏解非首都功能的同时，必须增强首都功能，在产业结构上突出高精尖，以打造文化中心、科技创新中心、国际交往中心和政治中心为目标，实现产业、组织、技术、制度、经营模式、人才和机制的创新等，建设创新型企业和经济文化组织。

打造“以首都为核心的世界级新型城市群”，是京津冀协同发展战略的核心定位。一方面要解决北京“摊大饼”“一市独大、一市独强”的发展格局；另一方面要在天津、河北发展若干卫星城，二者相辅相成。发展卫星城，也必须在功能定位、产业布局及发展途径上，用创新方式解决，实现创新驱动。

京津冀地区承担转变发展方式与协调发展的重要使命。需要探索多行政主体下的协同发展模式，需要创新协同制度、协同机制以及协同组织模式，必须以制度、机制和组织创新作为协同发展的根本保障。必须依靠创新，探索并开发出刺激创新、创新涌流的机制，增强对创新人才和资金的吸引力，从而实现创新资源的优化配置。

京津冀协同发展，不仅是量的增长，更是质的飞跃。开发应用新技术、新材料、新工艺和新产品对京津冀地区优化产业结构和实现产业转型升级具有非常重要的意义。必须瞄准世界产业和技术前沿进行研究开发和产业化，使京津冀的产业具有竞争力和持续力。

总之，创新成为京津冀协同发展的内在本质和驱动力。

（二）创新资源优化配置是打造京津冀协同创新共同体的基础和前提

京津冀协同发展，从根本上讲还是要靠创新驱动，打造京津冀协同创新共同体是推动京津冀协同发展的重要内容和关键支撑。

京津冀地区是中国人口最稠密、资源密集度最高、科研实力最强的地区，且拥有良好的战略性新兴产业基础。它肩负着领导中国参与新一轮世界科技革命和产业变革的重要使命。但是京津冀三地由于处于不同的经济发展阶段，受传统行政区划和管理体制机制的影响与限制，还存在创新要素分布不平衡、创新资源整合共享不足等问题，还没有形成区域创新统一协调分工的格局。创新链、产业链和资本链的对接融合还不够充分，创新合作机制尚待完善，还没有形成区域一体化的创新生态体系，创新驱动的能量还没有得到充分挖掘和发挥。为此，《京津冀协同发展规划纲要》中明确提出要强化以企业为主体的协同创新支撑作用，整合区域创新资源，不断完善区域创新体系。

创新资源优化配置，就是以最大化地发挥创新资源的效用和功能为目标，通过制度创新、体制创新、组织创新、市场创新，对创新资源进行整合，形成创新链。通过对创新功能和目标进行系统化分工和分解，实现创新资源在空间布局、功能布局、人员布局上的合理化和有效性，使创新资源实现优势互补、合作共享，平台共建、流动有序畅顺，有效推动产业转型升级，建立起创新驱动的经济发展机制。

京津冀协同发展，必须以创新为主要驱动力，建立起一体化的区域创新体系，而实施创新资源优化配置是基础，因此必须对京津冀地区的创新资源实施优化配置，完善创新驱动发展的新机制，形成京津冀协同创新共同体，从而最终实现京津冀经济发展模式的转型创新。

（三）京津冀创新资源优化配置面临着艰巨繁重的任务

京津冀创新资源优化配置，必须适应京津冀协同发展战略，担负起解决京津冀地区发展面临的诸多困难和问题的任务。

第一，存量结构优化调整，增量提升转型。优化配置创新资源，在存量方面，要针对京津冀三地各自的功能定位，实施调整重组，一方面淘汰落后的创新资源，另一方面根据创新发展格局的分工，对创新资源实施调整，进行创新组合，把创新资源调整配置到最适合、最需要的地区。北京要重点强化具有原始创新能力、发挥全国引擎功能的创新资源配置；天津要强化具有应用与工程化研发创新能力、打造产业创新服务综合体等方面的创新资源配置；河北要重点强化科技成果创新应用和示范、建设重点产业技术研发基地等方面的创新资源配置。在增量配置方面，要重点围绕产业转型升级进行创新资源配置，提升未来技术、产品、产业竞争力，促进区域持续健康发展。

第二，体制机制创新。体制机制创新是实现创新资源优化配置的基础和根本保障，没有体制机制的创新，创新资源的优化配置将难以实现。实施创新资源优化配置，必须进行组织体系、资源共享机制、人才流动机制、平台共享机制、创新转化机制、创新服务体系、市场流动等方面的创新。只有形成合理的科学技术创新、产品创新、企业创新、产业创新、业态创新、市场创新和管理创新的发展机制，才能支撑和引领区域经济发展。

第三，创新资源配置的地区平衡化。由于资源配置的行政化过强，京津冀之间的创新资源配置不均衡现象依然存在，必须根据各区域的城市发展定位，使创新资源种类与产业发展相匹配，做到配置的均衡化，实现空间配置的合理化，尤其是利用北京非首都功能疏解契机，使产业和企业疏解同创新资源配置相统一，为产业和企业转移疏解提供有力支撑。

第四，创新资源配置载体和形式的创新。优化创新资源配置，要突出创新配置载体和形式的创新，大力发展各种形式的创新联盟和联合体。需要大力发展各种产业创新联盟、企业创新联盟、产学研创新联盟、大学创新联盟和创新孵化基地，建设科技园和开发区，推动创新资源的共享和开放，加强创新国际合作等。

第五，加大创新资源优化配置的政策创新力度。创新资源优化配置，需要各种政策的支持，要在人才流动、社会福利、财政税收、投资、金融等方面实施创新，形成对优化配置的有力鼓励和引导。

第六，实施以创新文化为核心的创新环境建设。创新文化既是创新资源，也是支持环境要素，要大力营造优化环境，为优化配置提供良好的环境支持和条件。

二、研究意义

（一）理论意义

本书将京津冀协同发展背景下区域中观层次的资源配置作为研究对象，主要围绕京津冀区域的创新资源尤其是科技资源配置开展研究。本书基于系统的视角，重新构建了创新资源配置理论分析框架，对创新资源配置在京津冀协同发展中的重要作用进行了系统的分析；运用计量经济学中的统计分析方法对创新资源配置的效率和产学协同创新资源配置模式进行了实证研究，对影响创新资源配置的各种因素加以分析；基于空间政治经济学理论与方法，对创新要素的集聚与扩散对产业和空间结构的影响机制进行了理论和数理分析，丰富了创新资源在空间配置上的理论基础。这些有助于我们更深入、更全面地理解创新资源配置系统的配置环境、配置内容、配置方式和配置机制；有助于对创新资源配置效率及配置行为有一个更深刻的认识；有助于企业和政府探寻创新资源的配置路径，提升区域创新能力，推动京津冀协同创新共同体的建设。

（二）现实意义

实施创新驱动发展是有序疏解北京非首都功能、推动京津冀协同发展的战略选择和根本动力。有序疏解北京非首都功能、推动京津冀协同发展，有利于提升首都核心功能，破解首都历史发展积累的矛盾和问题，探索出解决我国“大城市病”的特色方法。创新资源优化配置有利于发挥京津冀各地区比较优势，实现优势互补，打破和消除由于区域行政分割带来的各种隐形壁垒，有利于京津冀一体化发展，为区域协调发展提供体制机制创新的经验。实施创新资源优化配置有利于优化产业布局和空间结构，促进经济结构转型升级和完善城市群形态，同时有利于发挥对环渤海湾地区的辐射带动作用，将京津冀区域打造成为具有较强竞争力的世界级城市群，为探索在人口密集地区如何促进区域经济均衡协调发展提供中国经验。

创新对经济增长的贡献日益显著，各国各地区都对创新资源的投入更加重视。京津冀地区由于过去创新资源的投入方式比较粗放，导致创新资源配置在很大程度上存在浪费，使得创新资源配置误配、错配、低效的特征越发凸显。因此，本书以“京津冀创新资源配置”为研究主题，主要围绕以下问题进行展开：①哪些因素影响京津冀创新资源配置效率？②哪些因素影响京津冀产学协同创新资源配置方式？③创新要素的集聚与扩散如何影响京津冀创新资源空间配置？④京津冀创新资源配置的路径如何发展？

第二节 研究内容及结构

一、主要内容

全书共分为八章，主要内容如下：

第一章，绪论。本章主要介绍研究的背景与意义、研究的主要内容与技术路线、研究方法与本书的主要创新点，并阐述研究总体框架。

第二章，相关研究综述及概念界定。本章对国内外有关都市圈的内涵、形成发展机制和协同创新模式的研究进行了梳理；对区域创新系统的概念、运行机制以及如何构建等相关研究进行了归纳；对创新资源配置状况、配置效率、配置方式、配置途径以及空间政治经济学的研究现状及研究成果进行了综述，并结合这些研究对本书的指导意义进行了简评。在界定了创新资源内涵、识别出创新资源配置系统的基础上，构建了京津冀都市圈的创新资源配置分析框架，指出创新资源配置系统涉及配置主体、配置规模、配置结构、配置强度、配置方式、配置效率、配置机制和配置环境等多方面，为后续研究奠定了基础，明确了方向。

第三章，京津冀创新资源配置状况与国内外都市圈的比较。本章在分析京津冀都市圈的创新财力资源、人力资源、创新主体等配置状况基础上，对京津冀与珠三角、长三角以及世界五大都市圈的创新资源配置状况进行了对比分析，指出京津冀都市圈在创新资源配置方面存在的主要问题及特点，并对典型国际都市圈在创新体系建设方面有益的经验进行了归纳总结。

第四章，京津冀创新资源配置效率研究。本章结合投影寻踪模型降维的特点，构建了有效评测创新效率的随机前沿分析改进模型，基于 2005~2013 年各区域数据，对京津冀都市圈的创新资源配置效率及其影响因素进行了实证分析。

第五章，京津冀创新资源配置模式研究。本章基于多维邻近性视角，选取京津冀地区28家高校和980家企业2000~2016年的产学共同合作申请的专利数据，采用1∶1配伍设计，运用稀有事件回归（Rare Events Logistic）建立实证分析模型，对区域间的地理邻近性、制度邻近性和技术邻近性以及它们之间的交互作用对产学合作关系形成的影响进行了实证分析。

第六章，京津冀创新资源配置机制研究。本章基于空间政治经济学的理论与方法，对京津冀都市圈的创新资源集聚与扩散对产业体系和空间结构的影响机制进行了阐释。构建了创新要素、产业和空间结构的配置分析框架，对创新资源循环累积效应、拥塞效应和空间配置效应进行了理论分析。运用空间政治经济学的理论与方法，采用成本收益分析、马尔可夫过程和博弈论等模型方法对京津冀的产业转移动因、转移过程和转移效果进行了数理分析。

第七章，京津冀创新资源配置路径及建议。本章构建了京津冀协同创新要贯彻以企业为主体、政府为引导、产业为依托的路线图，并从强化协同创新支撑、完善区域创新体系和整合区域创新资源等方面对京津冀都市圈创新资源优化配置提出了具体的对策建议。

第八章，总结与展望。本章主要对全书进行了总结和归纳，指出了本书研究的不足，并对未来研究的方向进行了展望。

二、技术路线

本书的结构和技术路线如图1-1所示。

第三节 研究方法

本书主要采用比较统计研究、定性与定量研究、理论假设与实证研究

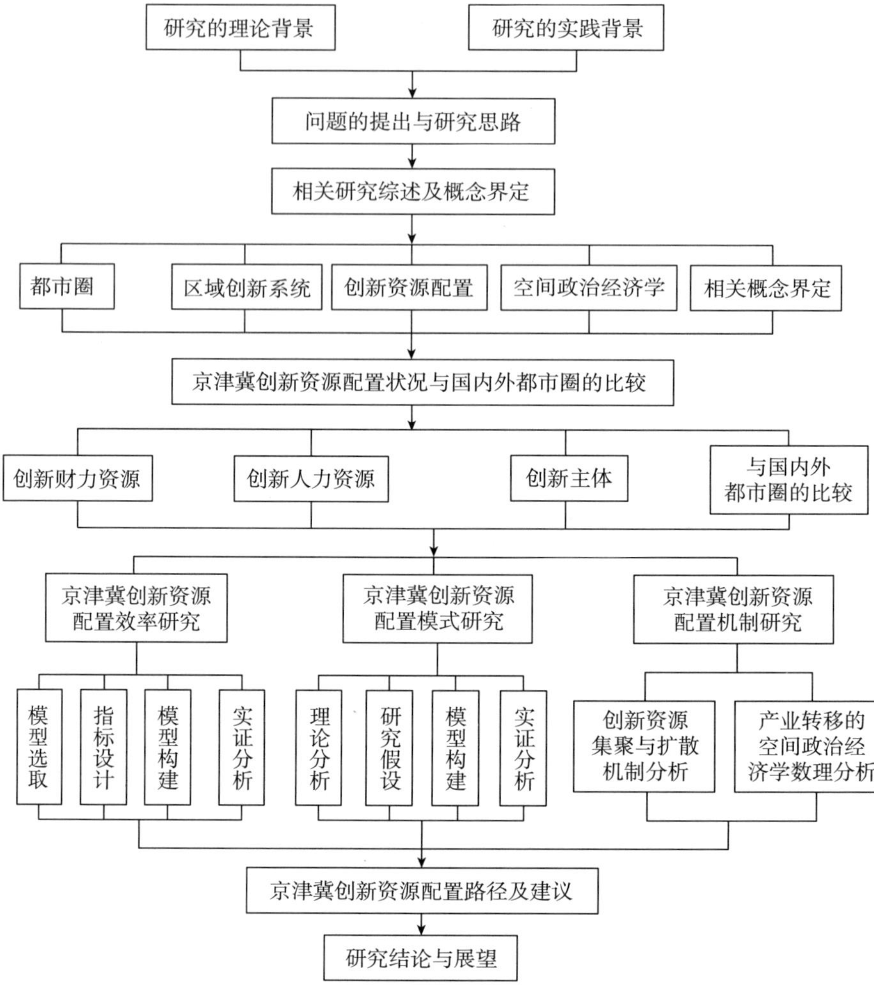

图 1-1　本书的结构和技术路线

相结合的研究方法。

（1）本书依据文献研究方法对过往研究进行梳理归纳，结合对本书的指导意义进行评述，提出本书的主要研究对象和范围，明确研究主题和可能突破的学术方向。

（2）运用系统理论、资源配置理论、空间政治经济学理论与方法，对创新资源和创新资源配置概念进行定性分析，为构建创新资源配置理论分析框架打下基础。

（3）对京津冀创新资源配置状况进行图表统计分析，与国内长三角、珠三角和世界五大都市圈的区域创新体系进行比较研究，分析寻找存在差距与不足的原因，为京津冀创新资源配置效率和配置机制的研究提供有效支持。

（4）在创新资源配置效率的研究中，采用投影寻踪模型和随机前沿（SFA）方法构建实证模型，对京津冀创新资源配置效率及其影响因素进行检验。

（5）运用稀有事件回归（Rare Events Logistic）模型对京津冀产学系统创新资源配置模式进行实证研究，对影响产学合作关系形成的主要因素及其交互作用进行检验。

（6）基于空间政治经济学理论与方法，对创新资源要素集聚与扩散对产业空间配置效应的影响机制进行相关理论的规范研究。采用成本—收益分析、马尔可夫矩阵和博弈论等方法对产业转移的动因、转移过程和转移效果进行数理分析。

第四节 主要创新点

本书的创新点主要体现在以下四个方面。

一、构建了京津冀创新资源配置的理论分析框架

在京津冀协同发展大背景下，本书在界定了创新资源内涵、识别出创新资源配置系统的基础上，基于协同创新理论、系统理论、资源配置理论和空间政治经济学理论，对创新要素、创新主体、创新载体和创新环境进行了系统的论证，构建了区域创新资源配置理论分析框架，指出创新资源配置包含生产的自然属性和社会属性，是两者的辩证统一。创新资源优化

配置既要发挥市场在资源配置中的决定性作用，又要更好发挥政府的作用。京津冀创新资源配置系统应围绕创新资源配置效率、配置方式、配置机制以及配置途径进行展开。

二、对京津冀创新资源配置效率及其影响因素进行实证研究

鉴于投影寻踪模型能进行数据降维的特点，本书构建了有效评测创新效率的随机前沿分析（SFA）改进模型，对京津冀创新资源配置效率及其影响因素进行了深入分析，得出京津冀创新资源配置效率的总体特征，弥补了随机前沿分析方法在测量多投入、多产出创新效率问题方面的不足。通过引入随机误差项和外生变量，将纯随机误差与无效率值加以区分，采用一步法进行回归，提高了创新资源配置效率测度的准确性，同时基于面板数据，考虑效率随时间变化的影响，可靠性更高。

三、基于多维邻近性视角对京津冀产学协同创新影响因素进行实证检验

现有研究大部分是从影响产学合作关系形成的绩效（专利数量）展开微观研究，尚缺乏影响合作关系过程的研究。本书以是否达成产学合作关系作为研究对象，对影响跨区域产学合作关系的因素进行了系统的理论分析，采用 1∶1 数据配伍设计，构建了基于联合申请专利作为因变量的稀有事件回归（Rare Events Logistic）实证模型，对影响产学合作关系形成的指标变量进行了实证检验，从而弥补了以往基于创新绩效分析和 Logistic 回归研究的不足。

四、基于空间政治经济学的理论与方法，对京津冀创新资源集聚与扩散影响产业空间配置的机制进行数理分析

基于产业转移、区域协同创新理论，运用空间政治经济学的理论与方法，对京津冀的产业转移动因、转移过程和转移效果进行数理分析。空间政治经济学比“政治经济学”更加强调空间内生化因素，更加强调城市发

展和经济集聚对于现代经济增长的意义，同时又比“空间经济学”更强调政治经济学因素所导致的资源误配和空间无效率。因此，本书从一个新的视域，利用空间政治经济学的理论与方法，将“适应度”和“竞争”概念引入创新资源空间配置分析框架，构建了创新要素、产业和空间结构的配置分析框架，对京津冀的创新资源集聚与扩散对产业体系和空间结构的影响机制进行了理论分析，厘清了创新要素资源流动对产业转移的影响机理，可为京津冀协同创新共同体的建设提供政策依据和参考。

第二章

相关研究综述及概念界定

第一节　都市圈相关研究的评述

由于都市圈构成因素比较复杂，而且涉及区域经济学、城市经济学、经济地理学和城市规划等很多学科领域，当前，对都市圈的研究还处于初级阶段，关于都市圈的概念、演化形成机制、协同创新模式的研究都还没有形成统一完整的理论体系。本章对国内外相关研究文献进行梳理归纳，并做出相应的简要评述，为后续研究奠定基础，明确待研究的主题。

一、都市圈内涵的研究

（一）国外都市圈概念的研究

都市圈是区域经济在合作与竞争过程中发展到一定阶段的产物，是一种特殊的地域空间组织形式，已成为一个国家或地区经济发展的重要模式。

1898 年，霍华德（E. Howard）在其“田园城市”理论中第一次提出“都市圈”“城市群”的概念。

戈特曼（1957）又提出了“大城市带理论”的概念，他认为支配空间经济结构的不再是某一个大城市，而是由若干个大城市组成的城市群，且城市之间在人口和经济活动方面相互联系、相互影响，最终发展演变成为“大城市带”。

木内信藏（1951）的“三地带”学说指出，大城市圈层是由中心城市核心区域、周边区域和郊外区域构成，即日本最早的“都市圈”理论，后来发展成为一种重要的空间组织经济模式。

美国学者佩尔斯（1993）提出区域经济管理体制理论（即 Citistate 理论），

它打破了传统的行政区域管理体制，一个 Citistate 就是一个独立的城市经济空间，劳动力流动自由，交通网络便利。经济的集聚与扩散都是依据 Citistate 自主支配能力，它的辐射力有着比较清晰的经济基础，能够对所辖区域产生经济融合作用。

（二）国内关于都市圈内涵的讨论

大量研究发现，“城市群”“都市圈”和“都市带”是都市圈理论中使用频率最高的三个词，国内很多学者围绕这几个概念做了大量的研究。

刘枭和黄桂英（2014）将“都市圈”“城市带”和“城市群”的概念做了比较分析，对其特征、界定标准以及形成影响因素等做了详细的研究。

谢守红（2008）对“都市带”“都市圈”和“都市区”这三个概念进行了界定与比较分析，具体如表 2-1 所示。

表 2-1 都市带、都市圈和都市区特征比较

项目	都市带	都市圈	都市区
人口规模	总人口需超过 2500 万；中心城市人口超过 400 万，且次级城市人口需超过 100 万	总人口数量需超过 500 万；中心城市人口超过 100 万；且次级城市人口超过 50 万	中心城市人口需超过 50 万
空间范围	一般面积在 5 万~15 万平方公里	半径一般需在 100 公里以内	没有具体规定
社会经济特征	城市之间相互影响大；城市化水平高；城乡融合度大；中心城市的国际化影响力强	中心城市与外围城市联系紧密；交通体系比较发达；中心城市 GDP 占 45%以上	中心城市与外围城市联系紧密；非农业增加值占 GDP 的比重需超过 75%；城镇人口比重需占 40%以上；非农业人口比重需 50%以上
空间结构特点	城市边界模糊，内部结构复杂，联系较松散；呈现多核心、多节点的带状或环状地域形态；处于高级阶段	城市边界清晰，内部结构复杂，联系较紧密，属于多核心的圈层式；一般呈现团块地域形态；处于中级阶段	城市边界清晰，有明显的城乡二元结构；呈现块状、带状、组团式等多种地域形态；处于初级阶段

资料来源：根据谢守红（2008）资料整理。

姚士谋（1992）首次提出了“城市群”的概念，其认为城市群有三个特征：一是城市群的发展主要依靠经济区域中心城市的发展；二是区域内的重要城市沿着经济走廊不断从中心向外围扩展，并最终形成新的城市；三是城市群具有开放性和动态性的区域特征，区域边界会越来越模糊。

周一星（1986）提出都市区是由中心城市和其邻接地区两部分组成。中心城市一般是指非农人口在20万以上的城市，邻接地区非农业化水平比较高，与中心城市社会经济联系密切。他还进一步指出，都市区空间范围不宜太大，一般只有一个，经济发展上具有连续性，区域内城市的发展程度一般不存在大的差异。高汝熹和罗明义（1998）认为都市圈空间范围较大，一般由一系列规模不等的城市体系组成，城市间经济发展水平存在着层次性。王建（1997）认为，都市圈是指面积在4万~6万平方公里，且半径在100~150公里范围的特定经济区域，在现代交通技术条件下，可当日到达。

张伟（2003）认为都市圈是以中心城市为核心，依托发达的联系通道，吸引辐射周边城市，并可以实施有效管理的区域。通过城市之间的相互联系与影响，带动周边地区经济社会协调发展。

袁家冬（2006）则认为，美国提出的“都市区”和日本的“都市圈”的概念基本相同。美国的都市区比较侧重城市的地域空间结构的现实状态，而日本的都市圈更加重视地域空间结构的理论研究。从美国和日本的研究结果来看，都市圈是由中心城市和外围区域构成的，中心城市通过空间集聚扩散功能与周边城市密切互动，形成多核心、一体化的城市经济综合体。

于洪俊和宁越敏（1983）首次提出“巨大都市带”的概念，是对戈特曼的空间经济学思想的进一步解释和补充。周一星（1986）认为都市区是都市带的基本组成单元，都市带是都市圈（区）发展的高级阶段。核心大城市对周围地区具有较强的辐射作用，对区域经济社会有重要影响，有利于形成巨大的大都市连绵区。

综上所述，国内外对于都市圈概念的阐述都非常重视城市空间地域的独立完整性，重视日常生活圈当日达的重要性。因此，都市圈的内涵可总结为：都市圈是由一个或多个中心城市和邻接地区构成的圈层式结构，邻接地区与核心城市有紧密的社会与经济联系，中心城市利用其突出的经济地位需发挥空间集聚与扩散的作用。从长远看，都市圈的发展具有一体化整合倾向。

二、都市圈发展机制的研究

都市圈的发展离不开城市化进程，许多国内外学者从城市区位和空间结构两个角度对都市圈的发展机制进行了研究。

（一）城市区位

区位理论是区域经济理论的根源和基础。根据时间演变顺序大致可划分为萌芽期、拓展期和繁荣期三个阶段。

1. 萌芽期

该阶段为城市空间研究的初级阶段，主要以古典区位理论为代表，主要有农业区位理论（Von Thunen）、工业区位理论（Alfred Weber）、中心地理理论（Christaller）以及市场区位理论（Lösch A）四种理论。

（1）农业区位理论。

根据经营农场的经验，德国学者冯·杜能（1997）率先提出了农业布局区位理论，他认为城市与周围的农业土地密切相关，其利用方式呈同心圆圈层结构（也称“杜能圈”）。第一圈为自由式农业圈，主要生产容易腐烂且难以运输的蔬菜、鲜奶等生鲜产品，离中心城市的距离最近。第二圈为林业圈，为城市提供木材和燃料，主要是木材种植与木材加工业。由于这类物资重量和体积均比较大，在离城市近的地方种植，易于运输，相对比较经济。第三圈为轮作式农业圈，土地没有休闲期，根据农作物的生长特性轮换种植，主要是以饲料作物和谷物种植为主，来保障地区的粮食供应。第四圈为谷草式农业圈，主要是为城市提供牛、猪、羊等畜牧业产品。第五圈为三圃式农业圈，将土地分成三个区，实行三区轮流种植制度，始终有 1/3 的土地保持休耕状态。第六圈为畜牧业圈，主要以天然草场为主进行放牧。“杜能圈”的六个圈层构成如图 2-1 所示。

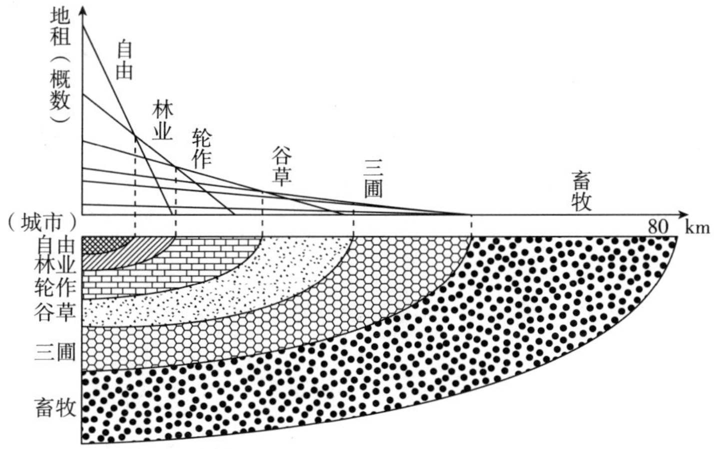

图 2-1　“杜能圈”的形成机制与圈层结构

“杜能圈”的提出是一种基于完全均质条件下的理论假设，展示了农业产业经营空间分布的一般规律模式，但现实中很难有与其完全一致的区域条件。

（2）工业区位理论。

阿尔弗雷德·韦伯（1997）首次提出了工业区位理论，认为运输成本和工资是区位选择的主要因素，要按照成本最小、利润最大化的原则来进行厂址的选择。

（3）中心地理论。

德国学者克里斯塔勒（1966）第一次提出了中心地理论，他认为中心地作为提供商务和服务的场所，主要发挥集散和运输商品的功能，以中心地为核心，在其周围会逐渐形成大的商业圈。当有新的中心地出现时，商业圈与商业圈之间则会形成空隙地带。克里斯塔勒经过总结分析，归纳出了市场原则、交通原则和行政原则三种中心地模式，分别用 K＝3、K＝4、K＝7 来表示。K 值的大小反映了中心地体系支配形成的空间结构，如图 2-2 所示。

（4）市场区位理论。

德国学者奥格斯特·廖什（1940）在前人研究的基础上提出了市场区位理论。他认为工业企业在选址时要遵循“利润最大化”，而不是“成本最

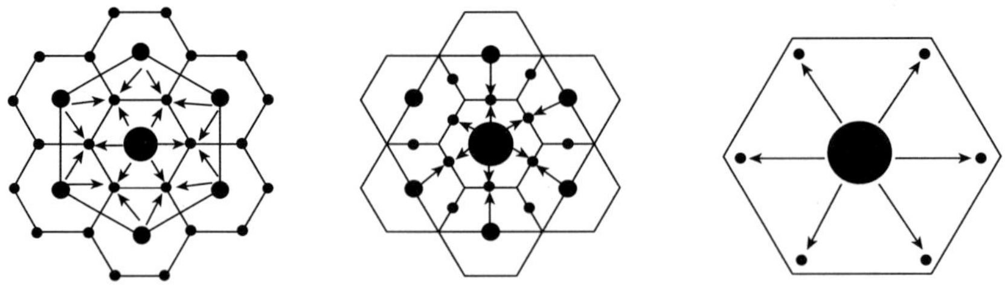

图 2-2 中心地理论的三种空间排列

低”的原则。个别经济体是追求利润最大化，但就经济整体来说，则是追求整体最优。此外，他还指出效率最高的是正六边形市场网络体系，而且 K 值可以是任意值。因此，很多学者认为廖什的市场区位理论比中心地理论的适用范围更广、更灵活实用、更符合现实情况。

2. 拓展期

这一阶段的理论研究主要以克鲁格曼的新经济地理学为代表，他率先将空间因素纳入传统的区域经济学中。克鲁格曼（2000）认为，运输是有成本的，经济活动需要考虑区位问题。他运用不完全竞争市场和规模报酬递增等概念来分析国际贸易问题，从空间角度对贸易经济进行了重新诠释，提出了新经济地理学理论框架体系，为后来的学者不断丰富完善新经济地理学内容奠定了基础。

3. 繁荣期

该时期涌现了很多有代表性的理论，如梯度转移理论、增长极理论和核心—边缘理论。这些理论推动了区域分工理论、区域优势理论、区域非均衡增长理论和区域经济结构理论的形成和发展，增强了对城市空间结构外延和内涵的阐释。

（1）梯度转移理论。

Krumme 和 Hayter（1975）提出了梯度转移理论，他们认为区域之间的经济发展存在梯度层次，梯度层次高的地区创新活动也最活跃，且梯度层次高的地区通过技术转移扩散满足自身发展。同时，梯度层次低的地区通过承接创新要素，来提升自己的技术创新能力从而实现自身发展。因此，技术创新的梯度转移会导致产业的梯度转移，从而优化产业空间布局，提升区域创新能力。

（2）增长极理论。

佩鲁（1950）认为，产业发展迅速或创新能力突出的企业会对邻近区域产生强大的辐射作用，形成经济发展的“增长极”，从而引领带动其周围邻近区域的经济发展。但经济发展不可能同时出现多个“增长极”，往往是在一个“增长中心”形成后再向其他区域或部门进行传导，通过持续扩散转移，促进区域经济形成连锁反应。因此，应选择合适的地理空间作为增长极，来带动区域经济发展。

（3）核心—边缘理论。

弗里德曼（1966）首次提出了核心—边缘理论，他认为区域经济系统是由核心区和边缘区组成的，核心区如同区域经济的“增长极”，经济发展迅速，产业创新能力强，而且产业更愿意集聚；而边缘区通常经济发展比较落后，产业和企业技术创新能力差，需要通过承接核心区的产业转移或创新要素流入，来带动本地区经济发展。边缘区与核心区均衡协调发展，有利于区域空间一体化格局的形成。

（二）城市空间结构的研究

从以上城市区位的研究不难看出，城市形成与发展的主要动力来自于生产要素和生活要素在空间上的集聚与流动。Richardson（1973）认为，空间距离和空间壁垒是影响区域技术创新发明的重要因素，区域空间结构的变动会对区域经济增长产生重大影响。艾萨德（1956）指出，缺乏空间思想理论研究的区域经济学和城市经济学是不完美的。

国内外对城市空间结构的研究主要分为两个方面：一是关于城市空间结构演化模式的研究；二是关于城市空间结构对经济增长影响的研究。

1. 国外对城市空间结构的研究

金斯伯格（1962）发现，郊区化和向外城市化是日本都市圈发展的典型特征，这一发展演变过程主要受主导产业部门的空间分散的影响。

弗里德曼（1973）根据“经济增长能引起空间演化”这一理论，构建了城市群空间演化模型，并将城市体系进行了等级网络的划分，指出城市区域体系的层级关系是跨国企业纵向生产地域分工的具体体现。

美国学者乌尔曼（1956）率先发现了“空间相互作用理论”，他认为都市圈空间之间是相互作用的，存在互补性、移动性和中介机会。人类最突出的行为特征就是具有可以克服空间的限制进行信息和商品交换的能力，空间异质性会对这一行为产生重要影响。

19 世纪 90 年代，随着 *The Spatial Economy* 一书的问世，很多区域研究学者开始意识到空间相互作用对城市及都市圈经济发展研究的重要性。Fujita 和 Thisse（1996）认为空间集聚是区域经济增长的集中反映。区域的空间集聚带动技术外溢，从而促进创新，创新又会推动区域经济增长，最终会使更多的企业转移到创新活动多发的区域。长期因果累积叠加，创新能力突出的产业和创新活动将会集中在中心城市。

2. 国内对城市空间结构的研究

近年来，中国城市化进程为城市空间结构的研究提供了翔实的案例和数据，逐渐形成了“点—轴”系统理论和双核型的空间结构模式。

陆大道院士（1988）在中心地理论的基础上提出了“点—轴”系统理论。他认为“点”是各级中心地（城镇），“轴”是核心城市发展轴。中国城市区位和城市体系应该综合考虑点、线、面的区域空间布局（李平华和于波，2008）。

薛俊菲等（2006）认为城市空间结构是城市结构空间维度的集中体现，集聚与扩散是驱动城市及其空间结构演化的主要机制。综合国内外关于都市圈的研究分析，他们将都市圈空间成长过程划分为四个时期，分别是雏形期、成长期、发育期和成熟期（见表 2-2）。

从表 2-2 中可以看出，导致都市圈空间飞速成长的四大动力因素分别是：政府规划与决策、城市化（郊区化）、现代交通通信技术和产业扩散与转移。虽然是很多因素导致了都市圈的空间成长，但是中心城市职能的空间集聚与扩散在本质上却是创新要素的流动（李凯，2016）。本书认同薛俊菲等人的观点。

表 2-2　都市圈空间成长发展过程

阶段	时间阶段	特征	推动力量
雏形期	19 世纪后期至 20 世纪早期	空间结构呈现“核心—点”放射状；大都市圈的圈层结构不很明显；不具备圈层扩展的能力；城市沿轴线扩展	修建城市主干铁路；工业开发的利用
成长期	20 世纪早期至 20 世纪中期	以轴线转向以圈层扩展为主；核心城市的扩散作用增强，形成扩散扇面；呈现出典型的“核心—边缘”的圈层结构	工业化程度加深；产业扩散转移加速；交通系统的加快建设
发育期	20 世纪中期至 20 世纪晚期	装备制造业和重化工污染行业会产生外移；中心城市进行重组；劳动力的需求增加；大都市圈空间全面拓展，空间结构以圈层扩展为主，形成新的圈层，并出现多个生长点、生长轴	城市人口膨胀；高速公路和交通基础设施的加速建设；信息通信技术的高速发展；经济快速发展
成熟期	20 世纪 80 年代后	城乡交融一体化的大都市群体空间结构形成；大都市圈空间结构从单一中心模式转变为多中心模式；各城市产生交错叠制现象，呈现出多中心网络化的空间结构形态	经济全球化进程的加快；信息通信技术高速发展；各种生产要素流动更加快捷和通畅

资料来源：根据薛俊菲（2006）资料整理。

罗成书和程玉申（2017）根据“城市断裂点理论”进行了实证研究，运用场强模型、引力模型，以经济距离作为考察指标，研究结果发现，都市圈是由核心区、半紧密层、紧密层以及松散层构成。另外，从政府和市场两个视角对都市圈的演进机理进行了研究，结果表明，区域自然地理和经济社会主要受城市规划调整、基础设施建设、企业和高校搬迁以及人口郊区化等多方面因素的影响。

张宇硕等（2018）对京津冀都市圈建设用地的影响驱动因素进行了研究，从规模变化、景观格局变化和空间变化的视角对该都市圈空间格局及时空变化特征进行了揭示。他们运用空间统计分析、土地类型转换、空间自相关及景观指标测算的方法，并通过多元回归模型进行了实证分析。结果显示：2000~2010 年，在京津冀协同发展战略背景下，建设用地规模快速增长。随着京津冀都市圈产业升级与产业转移的加快，高密度城市数量增多，空间集聚性呈明显上升趋势，且空间分布不平衡和极化现象依然存在，整体扩张沿三大轴线扩展，一是北京—保定—石家庄轴线；二是北京—天津轴线；三是唐山—天津—沧州轴线。网络扩张呈现“中心—外围—边缘”的都市圈圈层式结构。

廉军伟等（2017）以杭州都市圈为例，建立了中心城市与紧密层城市的经济联系强度模型，分析了经济联系强度对中心城市功能扩散影响的空间差异。研究结果表明，杭州作为中心城市，因与紧密层城市经济联系强度不同，在空间布局上呈现出不同的功能类型；经济联系强度偏弱的地区对高端功能要素的需求更大，比如在教育、医疗、科技等方面；紧密层城市与中心城市的耦合机制会受到区域间经济联系强度大小的影响。因此，各区域需结合自身区域特点，科学制定各项对接产业政策，搭建服务平台，可有选择地承接中心城市功能要素和产业的转移。

实践与理论研究成果发现，都市圈的形成与发展是区域空间演化的一个综合反映。空间结构的研究一直寻求经济发展和地理空间的最优配置，这为我们解释为何都市圈会成为中国经济发展的模式提供了一个新的理论视角，对指导京津冀协同发展是一个很好的尝试。同时，随着空间结构的变化，人们可以更容易理解都市圈“单中心—多中心—层级体系”的演化发展路径，如图 2-3 所示。

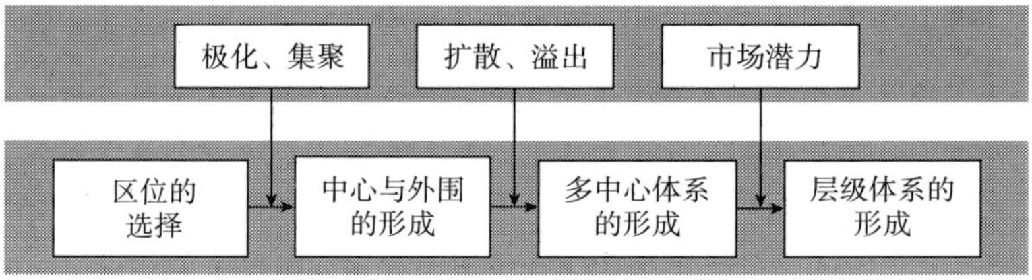

图 2-3　空间经济扩张与都市圈的发展

三、都市圈协同创新模式研究

协同理论认为，都市圈的协作具有明显的互补性和外部性，通过协同可以产生 1+1>2 的协同效应（Meijers，2005）。协同创新模式是指在某一特定区域内，实现创新资源在不同创新行为主体的最优配置。总结已有文献，关于协同创新模式的研究主要有产学研合作模式、创新主体互动模式和跨城际联盟组织等模式（Fritsch & Franke，2004）。

（一）产学研合作模式

肖林和李锋（2016）指出，我国创新要素资源配置存在结构扭曲、严重失衡的状况。彭纪生（2000）认为，大学、企业与科研机构分属于不同的空间和组织，可通过建立虚拟组织、战略联盟、网络组织等运作模式进行产学研协同创新。Shinn 和 Lamy（2006）认为，高校和企业可通过合作研发、技术援助、沟通交流、人才引进等产学研合作模式进行协同创新。何郁冰（2012）认为，大学、企业与科研机构可通过战略协同、知识协同和组织协同，强调通过三者的互动来构建大学、企业与科研机构之间的战略性合作伙伴关系。以“产学研合作”为主题的研究，主要是探索创新要素与创新主体之间如何通过互动来形成创新合力。

（二）创新主体互动模式

Shinn 和 Lamy（2006）指出，协同创新网络间的互动能够促进创新和技术发展，其中“链接模式”是一种最有效的模式。他们认为创新网络中流动的链条主要是指人力资本、资金、信息、技术和知识等要素资源。这些链条和行为主体的匹配度越高，产生的放大效应就越强。常见的“链接模式”主要包括虚拟研究中心、技术联盟、技术转让和共建产学研联合体等。Nieto 和 Santamaria（2007）根据大学、企业和科研机构、政府等创新主体与客户、供应商、竞争对手之间的合作方式进行分类归纳，总结不同创新主体之间的协同创新模式。除此之外，也有专家学者对企业与高校、政府的创新互动模式进行了研究，他们认为，通过大学科技园区、孵化中心、技术交易市场等载体以及共建大型项目和产权转让等方式可以实现创新执行主体和调控管理主体之间的互动。

（三）跨城际联盟组织

目前，由于受传统区划体制的影响，都市圈内各城市仍然为各地政府管辖，制约了创新要素的流动，严重妨碍了都市圈协同创新合作体系的形成（贠兆恒、潘锡杨和夏保华，2016）。因此，各地方政府可通过创建跨城际合作联盟，来实现跨城际合作与协调，从而实现协同创新。一般情况下，可通过设置虚拟的组织机构形式来建立跨城际的创新合作联盟，京津冀都市圈可通过建立京津冀协同发展领导小组来统筹规划实施区域的重大科技攻关项目。

朱俊成（2010）以武汉城市圈为例，采用经济能级指数和断裂点方法，基于共生理论，提出了横向关联、纵向嵌套、纵横交错三种共生嵌套结构模式，强调创新要素与区域相互影响和相互制约，并认为都市圈是一个创新生态系统。郑小碧和陆立军（2012）归纳总结了“城市群协同型市场产业网络”的联盟模式，并以“义乌商圈”与“浙中城市群”的协同发展为例，实证分析了城市群、市场及产业经济网络系统协同发展的演进过程及内在机理。

四、相关研究评述

综上所述，我们可以发现，都市圈的研究主要涉及概念内涵、发展机制和协同创新模式等方面。但是，现有的研究还有可进一步深入探索的空间。

研究主题方面。都市圈的研究是与其经济发展的历史演变密切相关的，在其不同的发展阶段都有鲜明的时代特色和历史印记，理论研究也离不开所处的时代背景。在如今的知识经济时代，都市圈的研究更应该关注“创新资源配置”这一重要主题，应更加重视都市圈的空间结构、整体功能以及系统运行机制等对于区域创新活动的影响。

研究角度方面。近些年来，国内外很多学者在都市圈发展机制的研究中加强了空间结构的研究内容。然而，空间结构的配置会影响创新要素（人才、技术和知识）集聚或扩散。因此，在都市圈空间结构配置过程中，研究创新要素流动对产业空间结构的影响机制将变得更有现实意义。

研究内容方面。都市圈协同创新涉及创新资源配置主体与创新要素间的协同耦合机制，需要重视构建协同创新网络，提升都市圈整体的区域创新能力，形成一种自组织创新机制。因此，研究都市圈的协同创新模式，应重视协同创新影响因素的研究分析，这对提高创新资源的整合配置能力尤为关键。

第二节　有关区域创新系统研究的评述

Cooke 和 Morgan（1990）提出了区域创新系统（Regional Innovation System，RIS）概念，它是联系国家（宏观）和企业（微观）创新系统的重要纽带，属于中观视角。国内外很多学者从不同的角度对区域创新系统进行了定义，目前还没有形成统一的概念，但是每个学者都从不同学术领域对区域创新系统理论研究给予了极大的关注，并取得了很多成果。通过对这些研究文献和区域创新系统理论研究的梳理，主要涉及以下几个方面的研究：一是关于区域创新系统的基本概念、特征与功能内涵等方面的研究；二是关于区域创新系统的运行机制和模式方面的研究；三是关于如何构建区域创新系统的研究。

一、区域创新系统的概念研究

基于上述国内外有关区域创新系统概念的分析，本书梳理总结了有代表性的相关研究，如表 2-3 所示。从表 2-3 中可以看出，区域创新系统的概念主要包括以下基本内容：①具有明显的开放性和地域性；②高校、研发机构、企业和政府等创新主体之间密切互动，自发构成创新网络；③区域创新网络能够分享和交换隐性知识，同时会受法律、规范、文化和制度等创新环境的影响；④区域创新系统会受到当地社会、政治、经济、生态环境等影响；⑤通过创新系统的自组织和与环境的相互作用，实现区域的持续创新和健康发展。

表 2-3 区域创新系统的概念

提出者	概念主要内容	强调重点
Cooke (2002)	创新主体主要包括高校、企业和研究机构等区域性创新组织，它们相互作用并受到创新网络和制度的影响。区域创新系统的主要功能是通过组织和制度的安排来加强人际关系，从而促进知识的产生、利用和传播	创新网络 创新制度 创新主体 创新功能
Autio (1998)	区域创新系统各个子系统内部相互作用，各子系统之间的互动会导致区域创新系统知识转移	社会系统 知识流动
胡志坚 (1999)	创新系统主要由大学、企业、科研机构、市场中介服务机构和政府组成。其主要功能是产生、积累和共享知识，创造技能和新产品，是一个综合的创新网络系统	创新网络
黄鲁成 (2000)	区域创新系统是由主体和非主体要素组成的创新网络系统。主体要素主要是指大学、科研机构和企业等创新执行组织，非主体要素主要是指为创新活动提供所需的物质条件和创新体制机制等软环境	创新网络
柳卸林 (2000)	区域创新组织网络要体现自身特色，需要和本区域产业深度融合。其主要功能是促进区域内新技术或新知识的流动	创新功能 知识流动
苏屹等 (2016)	区域创新系统（RIS）是由创新主体、创新资源和创新环境三个子系统组成，具有非线性、不确定性、自组织性、涌现性等复杂性系统特征	创新主体 创新资源 创新环境
唐少清 (2014)	区域创新系统（RIS）是指把大学、企业、中介机构、科研院所以及政府等各种创新组织有机结合起来，其主要功能是优化创新资源配置，提高资源利用效率	创新网络
邹再进 (2006)	区域创新系统（RIS）是指创新主体密切联系，依靠人才、资金等创新要素资源，利用基础设施、法律、政策等条件，通过组织、管理和制度等创新手段，促进知识产生、传播和应用的社会网络系统	创新网络 知识流动
顾新 (2005)	区域创新体系的功能主要是促进产业结构转型升级、提高区域产业技术创新能力、打造区域经济的核心竞争优势	创新功能
林迎星 (2004)	区域创新的功能是推动知识流动和区域创新	创新功能
王子龙等 (2004)	区域创新系统的核心任务是进行创新资源优化配置、提高创新资源的利用效率、引领和指导创新方向、安排协调创新网络关系，从而实现创新目标	创新功能

二、区域创新系统的运行机制和模式研究

(一) 区域创新系统的运行机制研究

区域创新系统是创新要素在创新主体间分配和作用的生态体系。创新要素通过区域创新系统的内部机制作用，相互影响与相互制约，产生出新产品、新技术和新工艺等创新成果，从而促进区域创新效率的提高。

冯之俊（1999）认为，一个区域创新系统的运行机制主要包括学习培训机制、竞争协作机制、决策信息机制和利益驱动机制四个方面的内容。林迎星（2004）认为，区域创新系统的运行机制主要分为三个层面：一是创新资源的配置机制，主要包括市场、伦理和宏观调控机制；二是创新系统功能的发挥机制，主要包括动力、激励和资源整合机制；三是创新主体的互动机制，主要包括竞争、协作、学习和开放机制。张艳等（2006）认为，内部机制主要包含知识创造与分享、交互式学习、邻近性和社会根植性四个方面。本书认同张艳等人提出的这四个方面是区域创新系统内部运行机制非常关键的内容。

1. 知识创造与分享

知识是通过社会的相互作用而创造的。知识一般分为显性知识（Explicit Knowledge）和隐性知识（Tacit Knowledge）。显性知识是指容易清晰地表述和有效转移的知识，主要体现在一些企业或产业集群的日常规则和程序中；隐性知识是指难以言表的有特殊背景的知识，具有高度个人化的特点，比较难以被传播和分享。萨克森宁（1999）在对硅谷计算机产业的研究中发现，知识共享网络是其快速成长的一个关键，知识的分享能够提高交互学习的能力，高度信任的创新主体更愿意分享其文化、制度和社会规范。知识的创造与分享大大提高了知识的利用效率，帮助创新执行主体提高相关知识的学习转换能力。在知识的创造过程中，大学和科研院所是知识创造的主要来源，因此，应该制定有利于知识创造与共享的激励政策，提高知识成果的转化率。

2. 交互式学习

知识的创造离不开学习，而学习是一个互动的社会过程。

王缉慈（2001）基于“创新相互依赖假设”认为，创新是客户、供应商和知识生产部门相互联系、相互影响的社会化过程。创新主体之间的网络互动，有时比技术工具更重要、更有效。这说明交互式网络学习是知识产生的一种方式，创新主体通过创新网络进行交互式学习能有效促进区域系统创新。

Rothwell（1992）认为，任何企业的创新资源都是有限的，企业所拥有的专业化知识都是不完全的，成功的创新企业都需要利用企业外部的资源。一些研究表明，中小企业更容易产生创新，因为他们技术研发实力相对较弱，更愿意同其他企业或组织进行合作，这种创新合作就是交互式学习的过程。

3. 邻近性

20 世纪 90 年代，法国邻近动力学派率先提出了多维邻近性的概念。尽管现代通信和交通技术发展迅速，但是区位选择对经济活动来说依然很重要。在区域创新资源配置系统中，邻近性的重要作用主要与以下三个方面有关：第一，与空间聚集产生的利益相关。创新资源集聚使规模报酬递增，产生外部性，企业可以进行大规模的投入/产出。同时，这有利于知识创造和分享，为创新主体之间的交互式学习提供了机会。产业聚集还能帮助企业处理供应商和客户的上下游关系、共享基础设施等。第二，与交易成本有关。一般情况下，创新主体之间知识基础和技术越接近，其沟通交流就会更容易，知识和信息转换的成本就会降低。第三，与社会和文化有关。隐性知识往往掌握在个人头脑中，隐性知识的交流和传播，需要彼此双方高度的信任和理解，如果具有共同的政治、文化和社会基础，将有利于创新主体关系的发展。特别是当许多知识、信息在转移传递时，需要面对面的沟通，这时邻近性将会起到非常大的作用。

因此，在区域创新系统中，邻近性并不仅指地理距离接近，当地理区位邻近的情况下，创新主体之间交流信息和知识将更容易，合作创新机会增加。但是，仅有地理上的邻近，并不一定保证创新主体间进行知识和信息的互动和转移，因为创新主体之间有很强的本地联系，只有彼此的高度信任，才愿意分享共同的社会文化和规范等。

4. 社会根植性

根植性一词最早来源于经济社会学，它的含义是指经济行为深深嵌入社会关系之中。格兰诺维特认为，一个区域的经济行为和结果，与社会行为和结果一样，受到行为主体间的社会关系和整个区域网络系统结构的影响。

余志良等（2003）认为，个人关系和社会网络是影响区域内部运行机制的重要因素。由于个人是隐性知识和技术诀窍转移的重要渠道，个人关系属于组织间的一种非正式联系。而社会网络也是一种社会资本，如果一个企业拥有更多的社会资本，则比较容易获取更多的社会资源，进而降低创新的风险，而社会网络嵌入的程度将会影响社会资本的获得。

付晓东、蒋雅伟（2017）从根植性的角度，对我国区域特色城镇的发展模式进行了研究。他们认为，根植性的表现形态主要包括自然资源禀赋、市场需求偏好以及社会资本基础三类，根植性具有独特性、发展性、网络性、易逝性和继承性的特性。

区域创新系统具有明显的地域性，不同区域由于社会文化环境不同，区域创新系统差异巨大。当一个区域存在特殊的本地产业和文化特色时，其社会根植性表现就更为突出，对区域的创新能力影响就会更强。因此，对社会根植性理解得越深刻，就越有利于提高区域的创新效率和创新能力。

除此之外，在集体学习和交互式学习过程中，社会根植性也起着非常重要的作用。根植性受社会文化环境的影响，主要是通过持续的集体行为而形成。由于创新主体受信任基础和对未来共同利益认识的一致性等的影响，交互式学习的范围和深度也大相径庭。因此，我们应该关注创新主体之间的关系与知识交换的本质。正像 Lyons（2000）指出的，为了加深企业的根植性，可以通过达成共同社会共识，明确产业发展目标，共同寻找认识和解决技术问题的方法，形成正式的和非正式的制度来支持鼓励创新，从而构建良好的适合技术创新的社会文化环境。

（二）区域创新系统的模式研究

西方学者认为，技术创新模式主要包括自主创新、模仿式创新和合作创新三种模式。凯文·摩根等（2003）指出，区域合作创新模式主要是大学、企业和研发机构等创新主体之间进行技术合作的方式。

刘曙光和田丽琴（2001）指出，自主创新、模仿创新和合作创新是区域创新发展的三种主要模式，美国硅谷、日本和欧盟分别是上述三种模式的典范。

顾新（2005）根据区域创新系统中创新执行主体（大学、企业、科研机构）和服务主体（中介服务机构）之间的互动关系构建了“七环结构”关系（即七种创新模式），分别是大学与企业，科研院所与企业，企业、科研院所与大学，大学与科研院所，企业与企业，大学与大学，科研院所与科研院所的合作协同创新。

柳卸林等（2018）按照中国各区域的特点分为效率驱动型、政府主导型、客户中心型、工程技术型和科学研究型五种创新类型。北京市的创新驱动类型则为政府主导+科学研究型创新模式，天津市的创新驱动类型则是工程技术型创新模式。

三、区域创新系统的构建研究

如何构建高效的区域创新系统成为社会密切关注的问题。企业、政府和学者对这一重要现实问题的研究都抱有非常高的热情，这些研究主要从以下视角进行论述。

（一）创新系统视角

柳卸林等（2000）认为，一个区域创新系统的建立，关键是需要建设一个能利用全球资源的知识获取系统和一个适合区域发展的产业创新系统。赖红波（2017）提出了设计驱动产业创新系统的理论设想，他认为，协同创新生态系统应体现设计服务业与制造业的互动、融合和演化，同时指出产业创新系统要突出区域特色和个性，形成核心竞争优势，同时需搭建产业互动平台，建设完善高效的创新成果转化系统。

（二）创新网络的视角

樊霞和朱桂龙（2008）从结构层次、节点的交互作用以及创新机制等方面对区域创新网络进行了分析，研究发现，一个区域的企业技术创新行为、创新网络结构会对创新绩效产生正向显著影响。李兰冰（2008）认为，一个区域创新系统的良好运行需要搭建知识创造和共享平台，加强创新组织间的集体交流和互动学习，重视社会区域根植性的存在，充分利用社会资本等。

（三）创新环境的视角

柳卸林（2015）指出，一个有效的区域创新系统离不开一个与之相适应的创新环境，同时要尽量减少政府的干预，发挥市场主导作用。叶静怡和宋芳（2006）对中国专利制度对创新的影响进行了实证研究，研究发现专利制度改革对于企业，特别是高新技术企业的创新有正面激励作用。蒋春燕和赵曙明（2006）以公司企业家精神和社会资本作为自变量，实证分析了其对组织绩效的影响，并检验了组织学习在它们之间起着重要的中介作用。韦影（2007）基于企业社会资本视角，引入吸收能力概念，揭示了企业社会资本与创新绩效出现差异的原因及其受制条件，强调企业要通过提升内部管理水平、优化流程来增强知识应用能力。

（四）创新主体的视角

蒋兴华等（2008）认为，优化区域创新系统的建设要从创新主体出发。企业在创新系统中处于核心地位，是技术研发和技术投资主体；大学和科研机构的主要任务是持续产生新的知识和技术，通过市场的转化和产业化，将知识转化为产品和服务；科技中介服务机构应加快建设公共科技信息平台和技术市场服务体系；政府应加强体制机制改革，制定有利于创新的各项激励政策，实现管理创新。李鸿禧和迟国泰（2016）也同样认为，企业应是技术创新的主体，要建立和健全以企业为主体的自主创新支撑体系。叶一军和顾新等（2014）从不同地位与不同交流形式两个角度对跨行政区域创新主体间的协同创新模式进行了梳理分析，他们认为政府对协同创新推动的强弱程度会影响跨行政区域创新要素流动、分配及组合。

（五）创新途径的视角

杨开忠（2006）认为，构建区域创新体系主要通过以下三种途径：一是自上而下法。建立区域创新系统不能仅仅局限于科技活动相关机构的范围，必须着眼于区域整个经济组织体系，如政府公共部门、企业内部、产业结构、金融体制等方面。二是自下而上法。建设区域创新体系要考虑区域地理邻近性的优势，草根型和网络型的习俗和规范会影响知识的创造和传播。三是上下结合法。区域创新体系的建设需要结合内外部资源，这是一个知识学习的过程。通过这一过程，可以使知识和技术被创造、使用和扩散。

四、相关研究评述

综上所述，我们可以发现，区域创新系统的研究主要涉及概念内涵、运行机制、运行模式以及如何构建等方面。但是，现有的研究还有可进一步深入探索的空间。

在研究主题上，大多数研究是以省区作为考察对象，忽视跨行政区域的因素影响。都市圈创新系统是一个多层级结构的空间经济实体，存在梯度不对称关系。原有大都市区研究重视程度不够，这种不均衡的空间结构值得进一步深入研究。

从研究的角度来看，大部分有关创新运行机制与效率的研究以“科技资源”的形式出现，侧重于对创新绩效的研究，忽视对区域创新系统的创新过程和整体运行有效性的研究。

在研究方法方面，大部分研究是基于静态的分析，思维方法缺乏系统性和动态性。特别是对于京津冀这种特殊的首都都市圈，更应该从政治学、经济学、城市地理学等复杂系统的角度进行理论研究，应该系统地建立适合京津冀都市圈创新体系的资源配置模型。

第三节　有关创新资源配置的研究评述

随着全球经济一体化进程的加快，区域发展对创新资源的依赖越来越强。由于资源的稀缺性，创新资源如何高效配置受到了很多国内外学者的关注。以下就有关创新资源配置研究的文献进行梳理。

一、创新资源配置比较研究

创新资源配置的比较研究主要是以国家或地区作为研究对象，主要对创新资源配置的效果和适用性做评价分析，通常采用实证分析的研究方法。研究内容主要包括创新资源的投入（研发经费和人力）状况、创新主体的资源配置以及创新政策的效果等内容。

Nelson（1993）选择 15 个不同大小和收入的国家作为样本数据，对创新经费来源、创新活动的结构配置、大学的作用、政府创新政策、产业部门以及企业的特征等指标进行了对比统计分析。

Lederman（2005）对 1960~2000 年 40 个国家的数据进行了实证分析，结果发现，科研机构的研究能力、企业与科研机构的合作程度、知识产权保护程度、人均 GDP、金融深化程度以及政府补贴等都与研发强度呈现积极的正相关关系。

邢乐斌等（2013）对我国重庆、成都、西安、北京、天津、上海、广州、武汉八个创新中心城市进行了比较分析，研究发现，从创新资源配置（R&D）综合效益排名来看，重庆排名处于中上游。相比全国各城市，各区域之间的差距仍比较大，而且部门配置效益结构也很不均衡。

二、创新资源配置效率研究

目前，国内外学者对创新效率的研究主要是以定量研究方法为主，常用的定量研究方法主要分为参数方法和非参数方法。参数方法主要采用确定性生产函数（以 SFA 最为代表）和最小二乘法等对影响资源配置效率的创新要素进行计量分析。非参数方法主要通过主成分分析法、泰尔指数法和数据包络分析法（DEA）等对资源配置效率进行评价（刘玲利，2009）。

范德成等（2018）采用 2011~2014 年高端装备制造行业面板数据作为样本数据，从产业组织投入产出视角，根据技术研发和技术转化构建了两阶段 StoNED 模型，对影响效率的主要因素采用 Tobit 模型进行了实证分析。研究发现，创新资源配置的整体效率和阶段效率存在较大差异，企业规模因素对整体效率具有正向影响，但在技术研发和技术转化阶段分别具有负向影响和正向影响；市场垄断因素不利于整体效率的提升；政府支持因素对效率提升具有负向作用。

孙夙鹏（2016）采用长三角地区 16 个城市的数据，运用 DEA 模型对创新资源配置效率进行实证分析，结果发现，有接近一半的城市配置效率较低，城市间配置差异较大，创新投入利用率低，且经济发展水平对配置效率并没有正向显著影响。

庄炜玮等（2014）基于我国 1991~2008 年 R&D 投入的数据，采用 DEA 模型，对 R&D 投入的效率进行了分析。结果表明，我国 R&D 资源配置效率呈现出先升后降的趋势，但整体上要落后于世界其他国家。

白俊红、江可申和李婧（2009）基于随机前沿模型，对我国 30 个省份 1998~2007 年的研发面板数据进行了实证分析。研究结果发现，中国研发创新效率虽然逐年提高，但仍处于比较低的水平；创新人力和财力要素对创新效率都产生负向影响。

游达明（2017）基于产出导向视角，对我国 29 个省市根据 SBM（Slack-Based Measure）模型计算出了效率值，然后用 Malmquist 生产率指数方法对每个决策单元进行了分解研究。研究发现，我国整体创新资源配置效率还比较低，但出现缓和增长趋势；配置效率与地区经济发展水平密切相关，呈现出较为明显的两极分化趋势；从创新绩效方面看，经济产出远远低于知识创新成果的产出。

黄海霞（2015）和肖仁桥（2012）基于产业创新效率的视角，对不同产业进行了测算，结果发现，不同产业的创新效率差异迥然。此外，还有许多学者采用计量经济学和空间计量经济学的一些方法对我国区域创新资源配置效率进行了研究，如 OLS 回归分析方法、空间误差模型、变系数回归模型和空间常系数空间滞后模型等不同测算实证分析方法。

三、创新资源配置方式研究

目前，通过系统的文献调研发现，创新资源配置方式主要有计划模式、市场模式以及混合模式（计划与市场相结合）三种方式，而且大多数学者认为以市场配置为主、政府配置为辅的混合模式将是创新资源配置的主要方式。

（一）关于政府主导的创新资源配置方式的研究

范柏乃等（2012）认为，政府在创新资源配置中应占据主导地位。政府往往是通过制定相关科技政策来影响创新活动，经常采用的政策工具主要有金融政策、税收政策、政府补贴、人才政策、设立科技园区、建立创新孵化器、设立技术标准和建立众筹平台等。

周琼琼和华青松（2015）认为，我国正处在由投资向创新驱动发展的特殊阶段，技术市场自身的功能还不是很完善，政府仍将在资源配置中发挥宏观调控作用，通过科技计划来弥补创新资源配置的不足。

（二）市场主导的创新资源配置方式

刘玲利（2009）和刘强（2000）认为，政府对资源的计划配置模式能够解决创新资源的结构失衡，实现社会科技资源共享，但相对比较滞后且效率低下，甚至有时候会造成社会资源的浪费，需要通过市场调节来弥补计划配置的不足，市场配置的内容主要体现在科技创新资源，如人才资源、R&D 研究经费、物力资源和信息技术资源等方面。

周寄中（1999）认为，国家要在宏观上做好科技资源合理布局的同时，重点要按照市场要求进行创新活动，才能实现技术创新，从而推动区域经济增长。

韩启德（2014）认为，要发挥市场配置资源的决定性作用和更好发挥政府作用，并提出科技体制改革的主要目标和任务是“发挥市场对技术研发方向、路线选择、要素价格、各类创新要素配置的导向作用”。

（三）混合创新资源配置方式

李健等（2013）认为，纯政府配置模式可能会缺乏市场需求导向，纯市场配置模式有时候也会存在失灵等问题，应采用“政府—市场”的混合协同创新配置模式。通过政府和市场的力量实现区域科技资源共享，来解决资源配置规模不足和结构不合理的问题。

曲然和张少杰（2008）认为，我国可借鉴计划模拟市场的价格思想，政府和市场配置模式可以并存，从长期看，应该从以计划为主转向以市场为主的资源配置模式。

易可君（2015）、李瑶（2014）和张帆（2012）都认为，技术创新是一个复杂系统，必须充分发挥政府的引导与调控作用，通过市场机制来整合分散独立的资源。

四、创新资源配置途径研究

陈健和何国祥（2005）认为，政府必须加大体制改革力度，发挥企业战略、人本和机制三大驱动作用，优化创新资源配置，提升区域创新资源配置能力。

赵玉林和贺丹（2009）通过对全国 15 个副省级以上的智力密集型城市的研究，发现政府应加大对创新知识产权的保护力度，必须完善知识产权的保护制度。

陈岩（2014）、华海岭和吴和成（2011）都认为，企业增加创新投入有利于提高创新绩效，政府应制定鼓励企业加大创新投入的制度，如减免税收或配套资金支持等。

李晓娣和陈家婷（2014）指出，政府投资搭建科技成果服务平台，有利于科技创新成果的共享和转移，提升创新成果的利用效率；有利于企业竞争市场结构和竞争机制的形成。为了创新资源配置调节机制的有效运行，建设以产学研为基础的科学研究体系、完善人才机制和积极引进风险资本等都是很好的保障措施。

五、相关研究评述

通过对上述文献的梳理归纳，可以看出，关于创新资源配置的研究已经有了较为丰富的研究成果，然而，已有研究还存在以下可以深入探讨的空间。

从研究角度来看，大部分创新资源配置研究的文献偏重于应用研究，理论研究相对较少，还没有形成一套适合区域创新资源配置较为完整的理论分析体系，对区域创新资源配置效率、配置方式和配置机制的研究还不够深入，特别是在创新驱动发展背景下进行创新资源产业空间配置的研究更是缺乏。实施创新驱动是实现京津冀协同发展的根本动力，一方面要疏解北京非首都功能，进行产业转移，解决北京大城市病；另一方面要破除解决影响京津冀协同发展的深层次的体制机制问题，探索出一条具有中国特色的区域协同发展路径，为其他区域提供借鉴和参考，可以丰富和完善现有区域发展理论体系。

从研究对象来看，国内研究仍然是以区域为主，主要考察区域总体的科技投入与产出，还属于宏观配置层面。而国外研究主要以企业为研究对象。因此，需要对京津冀创新资源配置进行系统全面的研究。

从研究内容来看，我国学者对区域创新资源配置效率的评价大部分采用单一变量指标进行效率测度，对影响配置效率变化的因素涉及较少，还未形成统一的对影响效率关键因素的共识。因此，需要对这些影响因素进行系统的理论分析，并加以实证检验。

关于创新资源配置方式和配置途径的研究，研究结论较为一致，大都认为，创新资源配置模式要以市场配置为主、政府配置为辅，同时，要开展以企业为主体的自主创新支撑体系的建设。

第四节　空间政治经济学的研究评述

区域创新空间结构是创新型产业或企业在空间分布的集中反映。区域创新系统中的区位邻近性与集中性越来越受到学者的关注，他们都认为企业区位选择的邻近性（Proximity）与集中性（Concentration）对于创新非常重要。波特（1990）认为，产业集群有利于创新要素集聚，提升区域的核心竞争力。Enright（1999）指出，在区域创新系统中，企业集群通过邻近性、专业化和通力合作，引导知识溢出（Knowledge Spillover）和协同效应。Feldmann（1994）与 Malmberg 和 Maskell（2002）也认为，企业集群中某些经济行为的集中会引起知识溢出，激发企业快速适应新技术，提升企业集体学习的倾向，从而提高更为频繁的创新行为。

20 世纪 70 年代以前，在城市空间领域主要存在两类“主流理论”：一类是“城市性”与“人类区位”空间理论，主张空间既是人类社会功能分化的原因，又是适应经济环境变化的因素，主要以美国芝加哥学派为代表；另一类是“人口和地理经验主义”空间理论，认为空间是一种客观存在的物理空间，主要用来表征各种社会经济要素在区域间物理位置的移动。随着经济全球化和城市化进程的加快，西方一些国家的社会经济结构都发生了转型，出现了城市中心经济衰退、财政危机等问题。原有的理论已经很难解释这些城市和社会的新变化，因此，很多学者开始用马克思主义理论和方法来研究城市空间问题，将资本积累、资本循环以及资本主义生产方式等问题放到空间演化视角下来研究，用以分析阐释资本主义社会下的资本扩张方式、扩张过程、扩展结果以及城市化等问题，从而形成了空间政治经济学理论（武剑和林金忠，2013）。

国内外对空间政治经济学的研究主要分为两个阶段：第一阶段（20 世纪 60~80 年代），主要侧重于从马克思经典著作里追溯并解析有关空间概念的理论，即从马克思的政治经济学理论中汲取其空间思想营养，来解释地理空间格局的形成和发展过程，属于理论研究探索阶段。第二阶段（20 世纪 80 年代至今），学者们认为马克思主义政治经济学理论的发展也需要某些地理空间方面的理论来进行支持补充。因此，学者们不再把重点放在挖掘马克思的什么理论可以直接应用，而是利用空间理论与方法对原有的理论和论述进行再解释和再构造，以此作为政治经济学对空间问题解释的一种补充。在上述两个发展阶段，主要以列斐伏尔、卡斯特尔、哈维和苏贾等学者为代表。其有关理论及主要观点整理如表 2-4 所示。

以列斐伏尔、卡斯特尔、哈维和苏贾等为代表的马克思主义哲学理论家，从哲学思辨的层面，各自提出了“空间政治经济学”思想，认为应更多地发掘空间的社会意义，空间里蕴含着各种社会关系，是社会矛盾冲突的中心和集结地。虽然这些学者的研究视角和理论各有不同，研究问题也各有侧重，但都遵循了基本相同的研究范式，主要表现为：①认为城市的盛衰是基于竞争的资本主义积累过程，而不是一个自然的生态学发展过程；②城市（区域）的空间物理位置是固定不变的，而资本是流动的，城市空间的发展必须适应资本流动的规则；③倡导传统的历史唯物主义方法论应将空间维度纳入进来，从而成为“历史—地理唯物主义”。

表 2-4　空间政治经济学的主要研究

学者	代表理论	主要观点	评价
亨利·列斐伏尔（1991）	空间生产理论	由物质资料生产扩展到了社会空间本身的生产，明确提出了“社会空间是社会的产物”这一核心观点	主要从生产方面来论述空间是如何被资本形塑的。形成了“社会—历史—空间”的空间三元论，奠定了空间政治经济学的理论基础
卡斯特尔（1978）	空间的集体消费理论	城市从传统物质资料的生产区域转变成集体消费的空间单元，而资本主义的基本矛盾正在从“生产社会化”向“空间消费过程的社会化”转移	主要是基于劳动力再生产的角度，来分析资本主义如何通过控制集体消费品来促进城市空间结构的优化
大卫·哈维（2006）	空间的不平衡发展理论	1. 资本的三级循环实质上是一种“时间修复”，主要通过投资长期资本占用项目或扩大社会支出消费总额的方式、实现推迟盈余资本再次流通的时间，达到延缓生产过剩，缓解经济危机的目的 2. “空间修复”是解决因劳动和盈余资本过度积累导致危机产生的办法。主要通过开拓新市场，寻求新资源，培育新的生产能力，转移资本到新的空间，从而引导地理空间进行不平衡发展	“经济—空间—政治”闭环发展是哈维空间不平衡发展理论的核心，即“资本过度积累”会引起“空间的不平衡发展”。为了维护统治阶级的利益，政权部门会通过阶级斗争来维护强化区域不平衡发展的空间格局

续表

学者	代表理论	主要观点	评价
苏贾（2007）	历史—地理唯物主义方法论	需要对马克思主义审视、定义和解释事物的很多不同的方法进行一次完全的改革	对马克思传统的历史决定论进行了批判，主张在现有的历史唯物主义理论中纳入空间维度，使之形成历史—地理唯物主义方法论

当前，空间经济理论的倡导者主要是以保罗·克鲁格曼为代表的新经济地理学派（NEG 理论）。相较于传统的资源优化配置分析模型，空间经济学更加侧重距离、运输成本等空间要素的加入，更加强调运用数理模型去揭示空间演化的细微机理，属于微观维度。空间政治经济学主要是基于生产关系的角度，从历史和时代的高度对空间的生产、消费和分配问题进行整体分析，属于宏观维度。从经济学的角度看，空间政治经济学主要是站在国家、社会和区域的整体角度来考虑经济发展问题，而不是基于单一局部空间来分析生产、交换、分配、消费等经济活动的关系与规律；把制度、政策作为区域发展的内生变量，更加重视分析不同区域由于制度差异而导致的经济增长不同，更注重分析政策在创新、空间集聚和分配中的重要价值；将研究重点从生产、流通领域延伸到创新、分配领域，构成了全生产关系链条。综上所述，空间政治经济学阐释了空间经济的实质是非均衡增长，而空间维度则是其非均衡特征的典型反映。空间内生化是其区别于其他经济理论的最显著特征（孙浩进，2014）。

空间政治经济学并不是政治经济学和空间经济学的简单组合。在政治经济学的研究中比较强调时间和部门维度，往往忽视了空间维度。这主要是因为空间因素比较复杂，很难作为单独变量用一个或某些特定指标来量化，空间因素在研究模型中常被作为外生变量或被排除掉，而对空间经济学来说，过分重视产业的经济活动的分析，忽视了空间内生化因素，更加缺乏从宏观层面对经济生产关系进行分析。因此，空间经济学只是从经济现象出发，没有从更内生化、更本质性的视阈来分析区域空间经济活动。

空间政治经济学比“政治经济学”更强调城市发展和经济集聚对于现代经济增长的意义，同时又比“空间经济学”更强调政治经济学因素所导致的资源错配和空间无效率。因此，可以看出，空间政治经济学是一门集政治经济学、空间经济学、城市经济学、国际贸易学和城市地理学等多学科交叉融合的学科。

第五节 相关概念界定

一、创新资源的内涵

随着科学技术的快速发展，知识经济和服务经济越来越受到人们的重视。创新成为经济发展的第一动力，成为科技进步和社会发展必不可缺的力量。创新资源作为创新活动的基础，是推进社会生产力发展、提高人类生活质量、改善人类劳动条件的要素集合。目前学术界还未形成对创新资源概念的统一认定，一些学者认为创新资源主要依赖于科技资源。

师萍和李垣（2000）从“科技资源”角度进行了定义，他们认为科技资源主要包括财力、物力、人力、组织、信息以及制度和市场等资源。

陈宏愚（2003）从“科技创新资源”角度指出，创新就是将科技转变为生产力的过程。他强调技术创新资源是科技创新资源的一个子集，“科技创新资源”应包括主体要素、基本要素、投入要素、体制要素和环境要素五部分。

黄世政、周家贤和朱炎亮（2017）认为，创新资源应该包括从事创新活动所需要的所有资源，既包括企业组织内部所需的有形资产（如人才、资金、基础设施、生产物质资料等）和无形资产（知识、信息、技术、专利等），还包括大学、企业、科学技术研发机构、技术中介服务组织和培训机构等。创新活动不应仅仅局限于研发活动，应从社会层面上考虑整体资源配置问题。

因此，本书认为，创新资源是产生创新成果，推动经济和社会发展的经济、制度、技术和社会等要素的总和。创新资源作为创新活动的投入要素，在概念上不同于传统的生产资源，具有稀缺性和不可替代性。随着创新活动的内容、对象与范围的不断扩展，创新资源的应用范围和深度不断提升，其价值也得到了更为充分的体现。创新资源不应仅仅被作为一种投入要素来考虑，应从更全面的视角来审视创新资源的内涵，创新资源应从创新要素、创新主体、创新载体和创新环境四个维度进行理解，如图 2-4 所示。

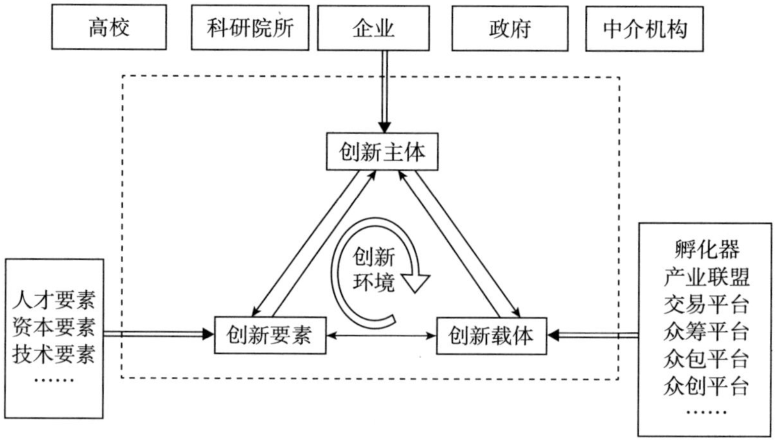

图 2-4　创新资源概念框架

（一）创新要素

创新要素主要包括人力、财力、知识、物力等要素资源。创新人力要素作为创新活动的行为主体，是创新活动的基础和关键，主要由直接和间接从事创新活动的人员构成。创新财力要素作为创新活动的经费保障，主要有科研机构自筹资金、银行贷款、政府科技拨款和风险投资等几种来源。作为存量，它是过去一定时期内对创新资源投入的价值表示；作为增量，它是对当前创新投入的综合反映。创新知识要素是指各种科技理论、方法和技术信息，是创新活动的知识基础，由显性知识和隐性知识构成。显性知识通常通过专利、科技文献、期刊、数据库以及图书、光盘、胶片等形式呈现；隐性知识主要是存在于从事创新活动的个人头脑中的新思想、新理论和新方法。创新物力要素是指用于创新活动的各种科研仪器、实验设备以及机器厂房等。这些创新要素资源是从事创新活动的基础要素，其数量和质量将决定区域的整体创新能力。

（二）创新主体

创新主体主要包括执行主体、调控管理主体和服务主体三部分。创新执行主体包括执行研究开发与应用创新成果的大学、企业和研究机构等行为主体；调控管理主体主要是指各级地方政府，对执行主体提供资金支持、政策引导、管理调控等服务，政府在资源配置中发挥重要作用，各种创新政策和制度会影响执行主体的行为决策，也会促进创新资源的配置。创新资源的政策范围很广，主要包括政府科技补贴政策、知识产权保护政策、税收优惠政策、风险转移政策、科技服务政策等，科技政策正在向科技与创新政策的范式转变（梁正，2017）。创新服务主体主要由金融风险机构和中介机构构成。金融风险机构主要是为创新执行主体提供外部融资渠道，争取加强有效资金支持，扩大创新投入规模；中介机构主要为执行主体提供技术交易代理、信息咨询等服务，主要有技术市场、咨询机构、中介机构和培训机构等。作为创新执行主体和调控管理主体之间的桥梁和纽带，中介机构帮助提供充足、准确、及时的信息，促进创新资源有效配置。

（三）创新载体

创新载体是指能够承载各种创新要素，并促进其产生联系的媒介或方式。它是集聚创新资源和吸引创新人才的一种有效的组织形态和空间形态。例如孵化器、交易平台、产业联盟、专业市场、众包平台、众筹平台和众创空间等。

（四）创新环境

创新环境是指促进创新活动、提高创新绩效的保障因素。主要包括制度、经济和社会文化三个方面（刘思明，2012）。创新资源配置作为一个完整的系统，它的生存与发展离不开一个完善的外部环境。创新资源配置系统的外部环境主要是指在一定的经济、政治和社会条件下，创新主体相互作用过程中形成的内部结构与行为特征，对创新活动起着支持与规范的作用，同时影响创新效率的提高。

制度环境是影响创新的重要方面。良好的制度安排，可以有效降低交易费用和成本，减少技术创新的复杂性和不确定性，有利于提升创新绩效。有效的产权和专利制度，能够帮助创新主体界定创新成果的权益归属，保证他们享有创新成果所带来的经济效益，对发明创造者产生激励效应。

经济环境能为创新提供重要的财力资源。高度开放的经济环境有利于企业的市场化运营，增加企业的资本积累，从而使企业的创新投入有更好的财力支持；一个具有良好的经济系统制度环境的区域，市场机制作用发挥更加充分，就会催生更多金融产品，金融市场就会更发达，从而促进创新投入融资渠道的多元化。

社会环境主要是指组织生存和发展的文化和体制机制。一个具有良好创新文化氛围的区域，更能激发人们进行创新活动。为了创造有利于创新活动的环境，必须坚决破除制约创新发展的体制机制障碍，建立和健全充满活力的创新资源市场化配置的运行机制和政策体系，保障创新活动的持续发展。

制度、经济和社会等外部环境不是孤立存在的，而是彼此相互联系、相互影响的，只有发挥它们的合力和协同效应，才能对创新系统产生全面而持久的作用。

二、创新资源的特点

创新资源作为资源的一个子类，具有自然资源的需求性、稀缺性和选择性等特征。同时，作为创新的源泉，它又区别于普通的自然资源，具有特殊的资源属性。

（一）社会性

创新是新构想产生并转化为商业价值的过程，凝聚着很多个人智力的创造，具有高风险性和不确定性。目前，创新活动倾向于多组织、多部门的协同合作。科技创新过程也是知识的产生、学习和转移的过程，是一种复杂的知识生产系统，需要依赖很多支撑条件，科技创新发展与社会紧密相连（唐宗丽和陈鸣祥，2017）。因此，创新资源作为支撑科技创新活动的基础要素，具有明显的社会性特征。

（二）外部性

创新资源不同于一般意义上的资源，它突破了时间和空间的限制，具有很强的流动性，成为一种全球配置的资源。在市场机制下，资本和技术等创新要素资源会流向创新活动最活跃、效益回报高的区域。因此，一个区域如果本身的创新资源不足，可以通过提升本区域的资源配置能力来吸纳外部创新资源，从而达到满足自身发展的目的。相反，如果本区域创新资源富足，通过溢出效应将创新资源转移到其他需要的区域，从而起到优化创新资源配置格局的目的。

（三）区域根植性

虽然创新资源具有外部性，其流动能够改善区域空间资源布局，但是不同的区域由于初始资源禀赋不同，区域间还存在着巨大差异。一个区域的经济发展水平、发展阶段和经济结构决定了区域科技发展的供给和需求水平，不同地区在科技投入总量、科技发展基础、科技活动结构和类型等方面也存在差异。不同产业技术轨迹和组织形式的差异，使得科技活动的投入、规模、强度存在巨大差别。国家科技活动区域分布的不均衡性导致不同地区在获得科技资源或科技投入等方面也存在着巨大差异（杨忠泰，2008）。

（四）路径依赖性

路径依赖性也称“黏性”。路径依赖是指一个具有正反馈机制的体系，一旦在外部偶然事件的影响下被系统采纳，便会沿着一定的路径发展演进，而很难为其他潜在的甚至更优的体系所取代。创新有很多隐性知识都是依赖个人智力创造，知识的学习、经验的积累都需要建立在以前的知识基础上，因此，创新主体能力的积累和改变是一个不断深入和提高的长期过程，其以往积累的知识、经验会对配置行为产生影响，从而表现为具有很强的路径依赖性（梁琦，2005）。

三、创新资源配置的界定

古典经济学家亚当·斯密（1776）指出，市场机制在资源配置中发挥主导作用。新古典经济学家则认为，实现创新资源的最优配置必须在完全竞争的市场环境下，而且“帕累托最优”状态是最佳的资源配置标准。

马克思主义观点认为，资源配置包含生产的自然属性和社会属性，是两者的辩证统一。党的十八届三中全会也明确指出，资源优化配置既要发挥市场在资源配置中的决定性作用，又要更好发挥政府作用，切实转换发展新动能。

区域创新资源优化配置是一种复杂行为，从创新资源的支配与使用权上看，创新行为主体之间是一种竞争与合作的关系。实现帕累托最优既是区域创新资源配置的最佳目标，又是提升协同创新作用的有效途径。区域创新资源系统配置应主要围绕以下问题进行展开：①是否能够吸纳所需的创新资源？②是否能够形成本区域最佳的产业结构？③是否能够及时调整控制本区域相关创新资源的余缺？④是否能够形成本区域发展所需要的创新氛围？

因此，本书认为，区域创新资源配置是指以促进区域原始创新、集成创新和引进消化吸收再创新为基本目的，在区域创新资源配置与区域协同创新的耦合作用支配下，实现不同创新要素（人力、财力、物力和知识等）在不同科技创新主体（高校、企业、科研院所、中介机构以及政府等）之间的调配与使用。

四、创新资源配置系统的形成

综上所述，我们不难发现，在创新活动的各环节，区域创新执行主体、服务主体和调控管理主体之间是相互联系、相互作用的。调控管理主体通过政策制定和引领，创造良好的创新环境，通过提供资金、信息等方式与执行主体不断产生作用，形成了高级的创新资源配置系统，如图 2-5 所示。

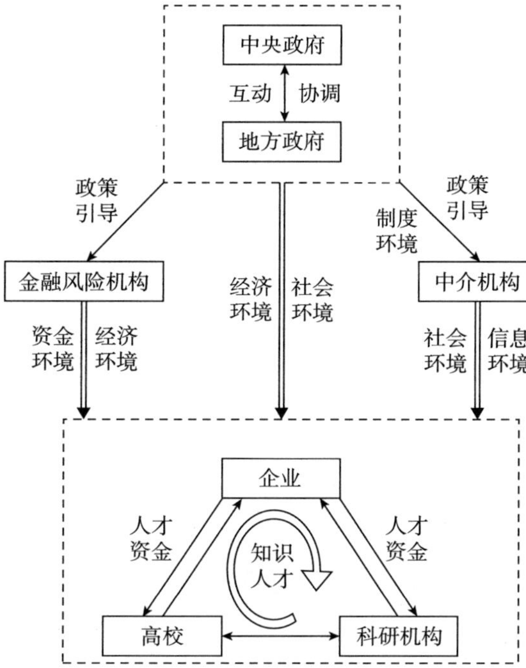

图 2-5 创新资源配置系统

创新资源配置作为一个系统，它不是把人力、财力、物力、知识、信息等要素资源简单分配给各执行主体进行技术创新，而是把创新主体、创新要素、创新载体和创新环境等所有创新资源有机结合统一配置。因此，在进行创新资源配置时，不仅要考虑创新主体之间的资源分配，同时还要考虑创新主体的使用，考察其是否具有自组织行为能力。由于创新主体具有较强的区域性，因此，在创新资源配置时，需要根据创新区域、主体、阶段等维度的不同进行灵活配置。

下面我们按照创新资源配置的一般流程介绍创新资源配置涉及的主要内容，如图 2-6 所示。

由图 2-6 可知，创新资源配置的内容主要包括配置规模、配置结构、配置强度和配置方式等，其中配置结构是创新资源配置的关键。

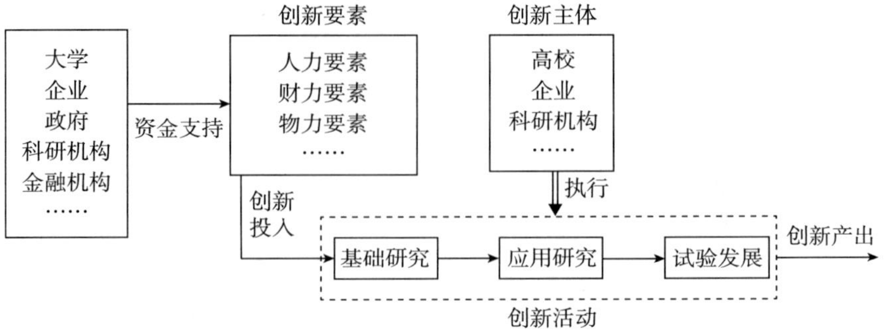

图 2-6　创新资源配置流程

（一）配置规模

配置规模主要是指创新资源投入的总量，主要是指 R&D 人员、R&D 经费支出以及科学技术研发设备等的投入。创新活动的最终产出取决于配置规模的大小，因此，保持合理恰当的配置规模，可以为创新主体提供资本与知识积累，保障创新活动的顺利进行。

（二）配置结构

配置结构主要是指创新资源配置的比例，配置结构不同会对配置效果产生极大影响。在创新活动过程中，由于创新执行主体所处区域、阶段的不同，创新资源也会进行不同的分配和使用。

大学、企业和科研机构作为创新活动的执行主体，各自的分工定位不同，优势也不同，在创新资源的分配和使用上拥有的比例也不同。配置主体因所处区域不同，经济、制度和社会环境不同，在区域间的配置比例也应有所区别。作为创新执行主体的企业，由于行业性质不同，政府在政策制定和方向引导上也应有所差别。

在基础研究、应用研究和试验发展三大类研发活动中，创新资源的配置比例也非常重要。所谓“死亡之谷”现象就是创新成果无法进行有效的商品化、产业化，致使创新成果与产业化之间出现断层。“死亡之谷”就像跨在基础研究与应用研究之间的断裂带，基础研究人员研究获得的创新成果，如果不能转化成新产品，就无法体现其商业价值，也就浪费了在基础研究上投入的创新资源（常盘文克，2007），如图 2-7 所示。

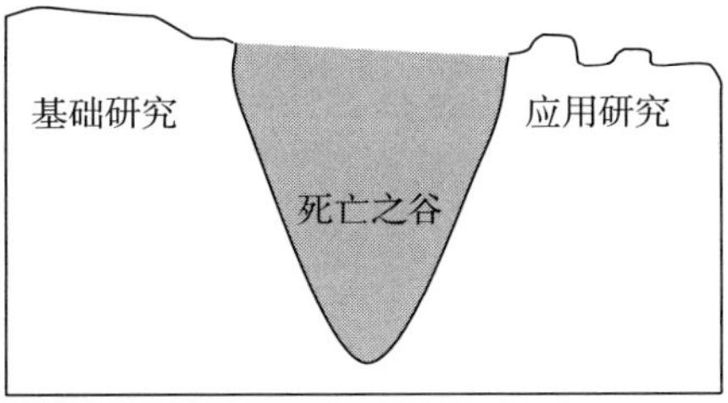

图 2-7　基础研究和应用研究之间的“死亡之谷”

从图 2-7 可以看出，影响科研活动的驱动因素主要有基础研究和应用研究两大类，前者是靠知识探索驱动，后者是靠社会需求拉动。要解决“死亡之谷”现象，实际上就是对三大类研发活动如何合理进行创新资源配置的问题。因此，需要根据创新活动的不同阶段进行合理配置。在创新活动中，基础研究是原创性竞争力提升的关键，是新知识和新发明产生的源泉，如果基础研究资源投入过少，只是依靠模仿或者技术进口，就会受制于他国，处于被动地位，美国公司 2018 年 4 月禁止向中兴通信公司销售“芯片”事件就为我们敲响了警钟。因此，必须改变传统的基础研究的体制机制，改变重视论文而轻视转化和产业化的考核激励机制，制定更有利于提高研发人员进行基础研究积极性的激励政策，同时，加大在应用研究和试验发展研究的创新活动的资源投入，促进科研成果的顺利转化和流动。

（三）配置强度

配置强度主要是用来表征对技术创新支持的力度，可以用来反映一个国家、地区或企业对技术研发活动的重视程度。常用创新经费支出与其 GDP 的比值和创新人员占其总人口的比例等来描述和刻画。配置强度具有相对性，可以利用配置强度进行不同国家或地区之间的比较分析。

（四）配置方式

配置方式是指配置创新资源的方法和手段。创新资源配置方式主要有计划模式、市场模式以及混合模式（计划与市场相结合）三种方式，而且大多数学者认为以市场配置为主、政府配置为辅的混合模式将是创新资源配置的主要方式。

本章小结

本章主要对国内外区域创新资源配置的相关研究文献进行了综述，对相关概念进行了基本界定。从都市圈、区域创新系统、创新资源配置以及空间政治经济学四个方面对过往研究成果进行梳理归纳，并结合这些研究对本书的指导意义进行了简要评述。在界定了创新资源内涵、识别出创新资源配置系统的基础上，构建了京津冀都市圈的创新资源配置分析框架，为后续研究奠定基础，明确可能突破的学术方向。

第三章

京津冀创新资源配置状况与国内外都市圈的比较

第一节　引　言

由第二章分析可知，创新资源配置系统涉及配置主体、配置规模、配置结构、配置强度、配置方式、配置效率、配置机制和配置环境等多方面。创新资源具有明显的区域特色，区域创新活动依赖于本区域特定的经济基础、科技基础、产业结构、社会环境等因素。因此，系统分析区域科技创新资源（特别是科技资源）的基础条件与配置现状，对于进一步科学、合理、有序地优化配置创新资源，提升区域创新能力，实施创新驱动发展战略具有重要意义。

京津冀区域在地理位置上接近，但在经济发展方式与科技创新能力方面差距甚大。根据中国科技发展战略研究小组编制的《中国区域创新能力评价报告 2017》数据显示，2017 年北京市创新能力全国排名第 3 位。从指标层次看，北京市实力指标排名居第 3 位，效率指标排名位于第 1 位，潜力指标排名位于第 26 位。从指标维度看，北京市知识创造能力排在全国第 1 名；知识获取全国排在第 2 名；企业创新全国排在第 4 名；创新环境全国排在第 2 名；创新绩效指标全国排在第 3 位。知识获取提升 1 位，创新绩效提升 5 位。从指标排名来看，北京市的“政府研发投入”“国际论文数”“作者同省异单位科技论文数”“技术市场交易金额”（按流向）等多项指标排名位居全国第一。北京市的创新优势在于丰富的科技资源与人力资源所带来的强大的知识创造能力，高新技术产业发展水平高，国际化程度高。同时，以中关村企业为代表的大量科技型中小企业和良好的创业环境，为“大众创业、万众创新”提供了良好的氛围。

天津市创新能力综合排名自 2008 年至 2017 年连续 10 年全国排名第 7 位。2017 年，从指标层次看，天津市实力指标排名位居第 12 位；效率指标排名位居第 3 位，领先于综合指标排名，较上年提升 1 位；潜力指标排名第 12 位，较上年提升 8 位，进步明显。从指标维度看，知识创造、知识获取、企业创新、创新环境和创新绩效指标排名分别是第 11 名、第 6 名、第 8 名、第 9 名和第 5 名。相对而言，知识创造能力是天津市的短板，创新绩效是优势指标。从基础指标看，“人均外商投资金额”“异国科技论文数增长率”“企业研发人员占比”“企业研发人员增长率”“科技企业孵化器数量”“人均 GDP 水平”及“每万元 GDP 工业污水排放量”等指标是天津市的优势指标。总体来看，近年来天津市重视发展科技型企业，在培育科技领军企业、支持科技企业技术创新、建设科技创新载体、推动科技金融结合、开展科技创新服务等方面探索了一系列有效举措，推动实施了领军企业培育、高端人才引进、“小升高”“小壮大”、并购“双百”、企业上市融资“六大工程”，以及优化政府、技术平台、科技金融和园区“四大服务”。

2017 年河北省创新能力排名居全国第 23 位，与 2016 年排名一致。2017 年，从指标维度看，知识创造、企业创新和创新环境分别较上年提升 6 位、2 位和 4 位，分别排在全国第 12 位、第 17 位和第 16 位，而知识获取、创新绩效则分别较上年降低 5 位和 6 位，分别下滑至第 29 位和第 28 位，总体上看，河北创新能力在全国仍处于比较落后的水平，知识创造能力相对较差。

因此，非常有必要对京津冀的创新资源配置状况进行分析，寻找其与国内外都市圈的差距与不足的原因，为指导京津冀创新资源的合理配置提供有效支持。

第二节　京津冀 R&D 财力要素资源配置状况

R&D 财力要素资源主要是指 R&D 经费，一般用 R&D 强度（R&D 经费支出/GDP）来衡量一个国家或地区的科技投入。曾国屏和谭文华（2003）研究发现，R&D 强度的增长具有一般规律性，呈现“S”形曲线增长趋势。其中两个转变点分别是 1.0%和 2.5%，其中，第一个过程周期漫长，第二个过程则相对较快，再往后的增长速度将减缓。Gao 和 Jefferson（2007）等认为，随着 R&D 投入的持续增大，R&D 强度从 1.0%~2.0%增长迅速，但 2%~3%各国（地区）在增长速度上有所减缓；并把 R&D 强度从 1.0%~2.0%第一次快速增长的阶段称为“科技起飞”阶段（见图 3-1）。据此，可以将 R&D 强度变化的过程分为缓慢增长、快速增长（“科技起飞”）和基本稳定三个阶段。

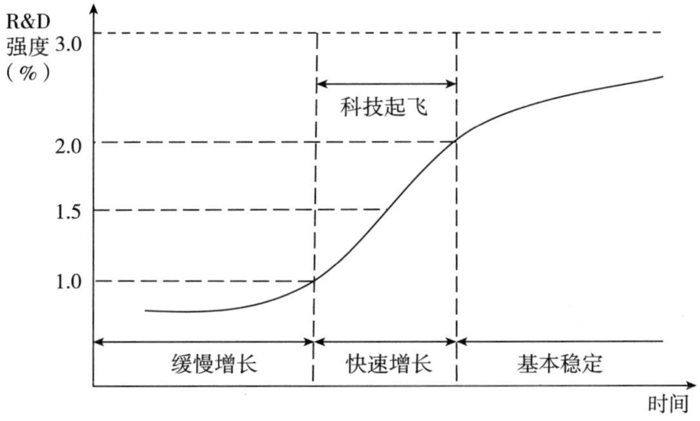

图 3-1　R&D 强度变化的“S”曲线

国际研究表明，R&D 强度小于 1.0%的国家，往往处于工业化初期阶段；R&D 强度大于 1.5%的国家，往往处于工业化中期阶段，对世界先进技术有较强的消化、融合和吸收能力，产业结构呈现从技术密集向资本密集方向调整的趋势；R&D 强度 2.0%以上的国家，一般都是进入工业化后期的发达国家，自主创新能力强，第三产业成为主导产业。以下从 R&D 经费总量和结构配置方面进行分析。

一、R&D 经费总量配置

近些年来，我国加大了对 R&D 经费的投入，表现出良好的增长势头。

京津冀地区2008~2016年研究与试验发展（R&D）经费投入情况如表3-1所示。由表3-1可以看出，中国自2014年R&D经费投入强度超过2%，进入科技起飞阶段，在世界研发体系中的地位迅速提升。北京、天津已经进入工业化后期，河北还处于缓慢增长阶段。

表3-1 京津冀R&D经费投入强度（2008~2016年）

单位：%

地区＼年份	2008	2009	2010	2011	2012	2013	2014	2015	2016
全国	1.44	1.66	1.71	1.78	1.91	1.99	2.02	2.07	2.11
北京	4.95	5.3	5.82	5.76	5.95	5.98	5.95	6.01	5.96
天津	2.32	2.37	2.49	2.63	2.80	2.96	2.96	3.08	3.00
河北	0.68	0.78	0.76	0.82	0.92	0.99	1.06	1.18	1.20

河北各地市研究与试验发展（R&D）经费整体投入还比较低，2012~2016年累计投入排名依次为石家庄426.9亿元、唐山336亿元、保定270亿元、邯郸142.3亿元、廊坊82.2亿元、秦皇岛69.5亿元、邢台68.2亿元、沧州65.3亿元、衡水39亿元、承德36.1亿元、张家口35.5亿元，如图3-2所示。

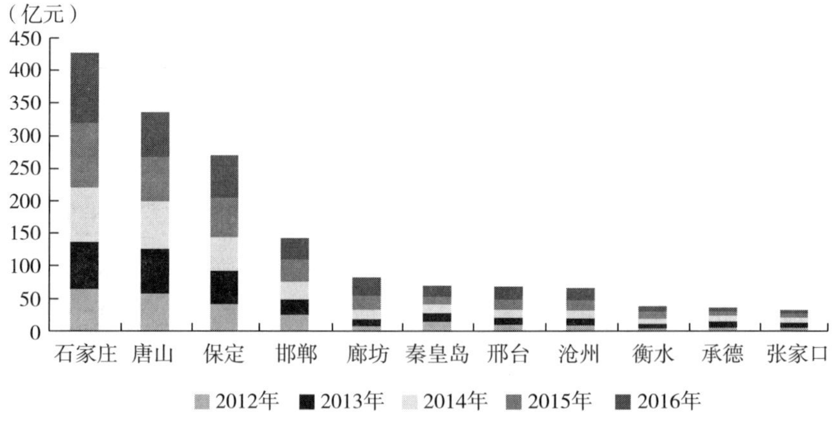

图3-2 河北各地市R&D经费内部支出（2012~2016年）

二、R&D 经费结构配置

（一）创新主体 R&D 经费内部支出

京津冀三地科技投入水平差距较大，从 2016 年数据可以看出，北京市 R&D 经费内部支出为 1484.5 亿元，远高于天津的 5373.223 亿元和河北的经费投入 383.2474 亿元。从 R&D 经费投入与 GDP 之比来看，北京 5.96% 远高于天津的 3.00%，而河北 R&D 经费投入仅占 GDP 的 1.20%，比例偏低。从创新主体的分类方面看，北京 R&D 经费支出主要投向高等院校和科研机构，而天津和河北的 R&D 经费支出则更多地投向了工业企业。具体数据如图 3-3 所示。

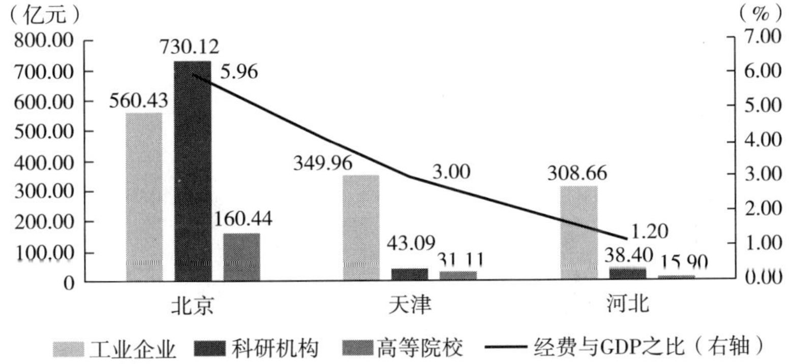

图 3-3　京津冀创新主体 R&D 经费内部支出（2016 年）

（二）政府科技拨款

2012~2016 年北京、天津、河北政府科技拨款占财政支出的比重如图 3-4 所示。2016 年北京政府科技支出拨款为 285.78 亿元，天津为 12.518 亿元，河北为 73.18 亿元。北京比天津与河北之和还要多，北京的政府财政投入远远高于天津、河北两地。

2012~2016 年，河北各地市财政投资支持力度差距非常大，如图 3-5 所示。只有石家庄、唐山、邯郸、廊坊四个城市平均超过 1%，全省平均仅为 0.96%。

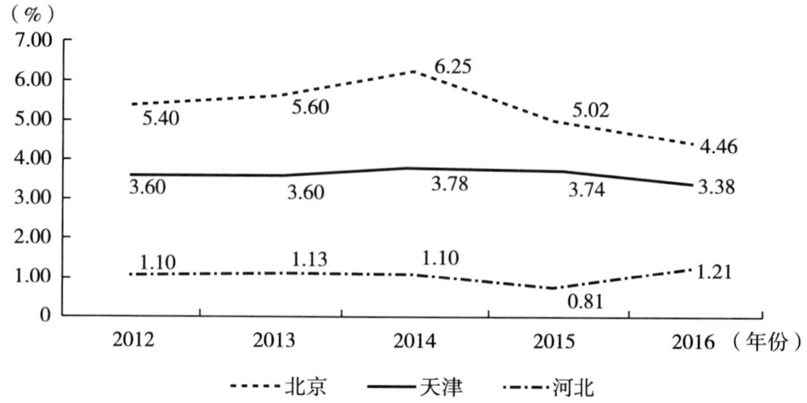

图 3-4　京津冀科技拨款占财政支出的比重（2012~2016 年）

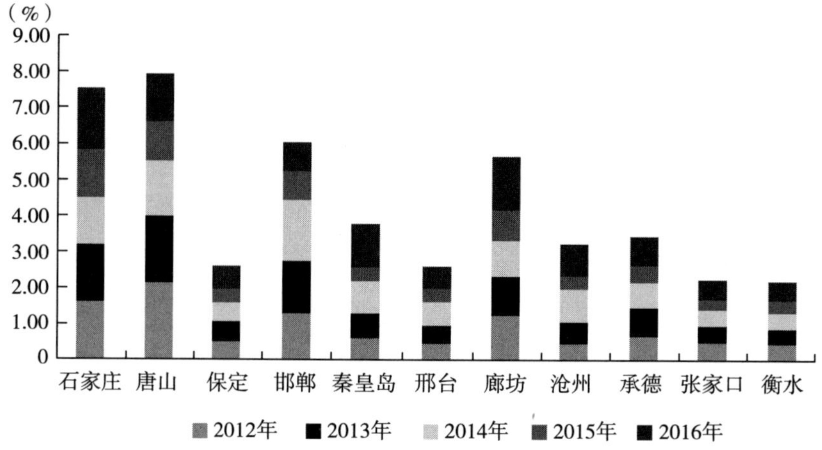

图 3-5　河北各地市科技拨款占财政支出的比重（2012~2016 年）

第三节　京津冀 R&D 人力资源配置状况

一、R&D 人力总量配置

R&D 人力要素资源作为衡量一个区域科学技术实力和创新能力的重要

指标，通常用 R&D 人员数量和 R&D 人员全时当量来进行测度。京津冀地区2012~2016 年 R&D 人员数量和 R&D 人员全时当量如表 3-2 所示。可以看出，各地区 R&D 人员的有效研发投入时间还是有比较大的差异，最高值只有 73.04%。

表 3-2　R&D 人员数量及人员折合全时当量（2012~2016 年）

年份	区域	R&D 人员（人）	R&D 人员折合全时当量（人年）	R&D 人员折合全时当量/R&D 人员（%）
2012	北京	322417	235500	73.04
	天津	126436	89600	70.87
	河北	124892	78500	62.85
2013	北京	334194	242200	72.47
	天津	143667	100200	69.74
	河北	136615	89500	65.51
2014	北京	343165	245384	71.51
	天津	164076	113335	69.07
	河北	155051	100946	65.11
2015	北京	350721	245728	70.06
	天津	177725	124321	69.95
	河北	164006	106975	65.23
2016	北京	373406	253337	67.84
	天津	177165	119384	67.39
	河北	175591	111384	63.43

2016 年河北各地市 R&D 人员全时当量占 R&D 人员数量的比重如图 3-6 所示。

2016 年，R&D 人员用于研发投入比率最高的是沧州，达到了 70.99%，其次是石家庄 70.92%，保定 70.02%，唐山 64.15%，衡水 62.25%，廊坊 60.54%，邯郸 59.29%，张家口 56.80%，秦皇岛 54.96%，承德 51.38%，邢台 49.07%。因此，河北各地市 R&D 人员的结构仍有很大的优化空间。

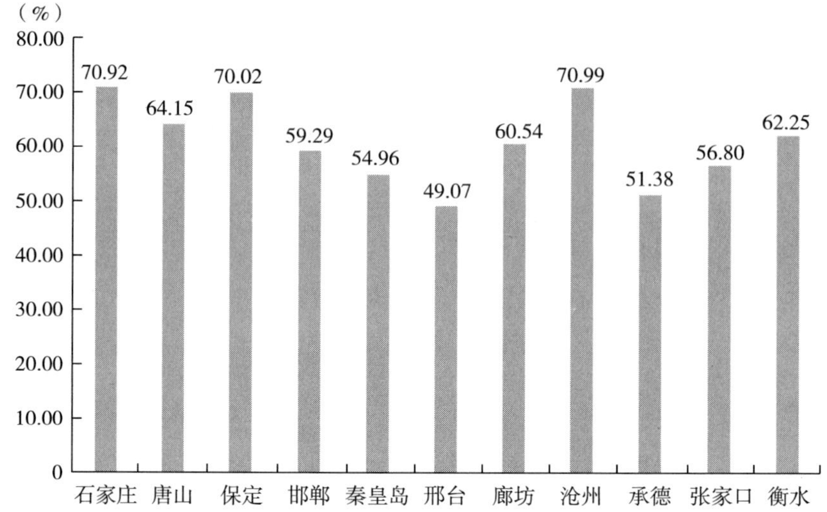

图 3-6　河北地区 R&D 人员全时当量占 R&D 人员数量的比重（2016 年）

二、R&D 人力结构配置

（一）根据创新活动主体分类

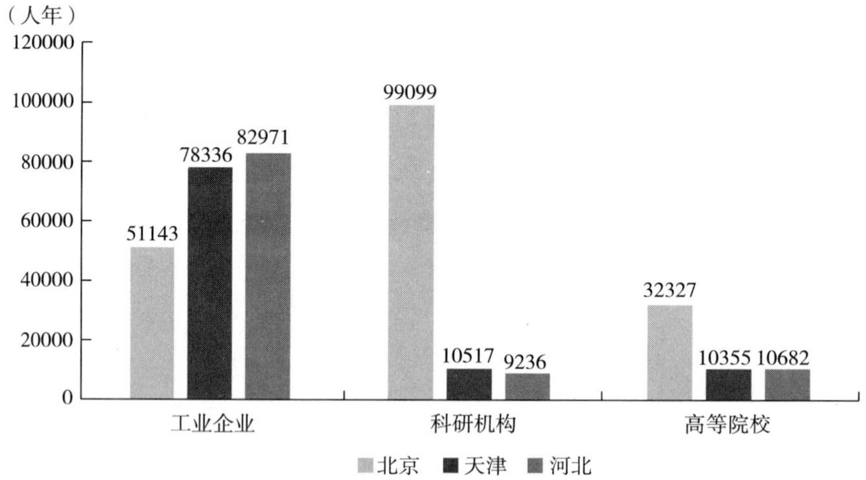

图 3-7　根据创新主体分类的 R&D 人员折合全时当量（2016 年）

由图 3-7 可以看出，2016 年，北京市三大创新主体（规模以上工业企业、科研机构、高等院校）所有的 R&D 人员全时当量占总量的 72.07%，按照人员所在主体分类，隶属科研机构人员全时当量为 99099 人年，占比为 54.3%；隶属工业企业人员全时当量为 51143 人年，占比为 28.01%；隶属高等院校人员全时当量为 32327 人年，占比为 17.7%。天津市按照创新主体分，工业企业投入人员全时当量为 78336 人年，占比为 78.96%；科研机构投入人员全时当量为 10517 人年，占比为 10.6%；高等院校投入人员全时当量为 10355 人年，占比为 10.44%。河北省按照创新主体分类，工业企业投入当量为 82971 人年，占比为 80.6%；科研机构投入人员全时当量为 9236 人年，占比为 8.98%；高等院校投入人员全时当量为 10682 人年，占比为 10.38%。

（二）根据创新活动类型分类

由图 3-8 可以看出，2016 年，北京所投入的 R&D 人员折合全时当量总量远大于天津、河北两地，甚至大于天津、河北两地之和，从科研人员投入可见三地之间的科研及创新能力差距很大。

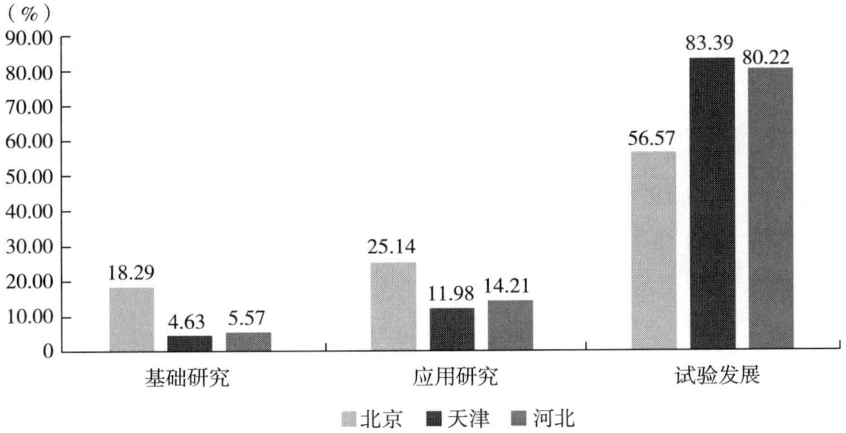

图 3-8　根据创新活动类型分类的 R&D 人员折合全时当量（2016 年）

从基础研究看，由于北京拥有众多的高校和科研机构，基础研究能力十分雄厚，天津和河北基础研究人员投入分别为 5524 人年和 6208 人年，天津、河北两地基础研究投入占比分别为 4.63%和 5.57%，比重远低于北京的 18.29%，天津、河北两地相对北京基础研究能力薄弱，存在短板，天津、河北两地应该借助北京的基础研究能力弥补自身不足。京津冀三地应用研究情况与基础研究情况一致，从投入人员数量及比重上，天津、河北两地都远低于北京。从试验发展人员投入来看，天津、河北两地在投入数量上仍不具备优势，但天津、河北两地的试验发展人员投入比重高于北京。

从创新主体投入角度比较，天津、河北两地在工业企业人员投入角度相对于北京略具优势，这从京津冀三地的产业结构与布局上可以发现证据。从科研机构及高等院校投入角度，北京都具有绝对优势。

科研人员区域布局不平衡及流动性差造成京津冀三地不能实现优势互补，不能实现优势弥补劣势，限制了区域整体协同发展能力及创新能力的提高。

第四节　京津冀创新主体配置状况

一、规模以上工业企业

由表 3-3 可以看出，2016 年，北京市规模以上工业企业 3340 家，其中有 607 家设有研发机构，有 R&D 活动的企业数为 1155 家，拥有 R&D 人员 70658 人。2016 年 R&D 投入人员全时当量为 51143 人年，R&D 经费内部支出为 254.84 亿元，其中来自于政府的资金为 19.52 亿元，企业自身投入资金为 227.45 亿元。R&D 经费外部支出为 25.78 亿元，其中对境内研究支出为 13.7073 亿元，对境内高校支出为 0.6155 亿元。专利申请数为 20065 件，其中发明专利 9392 项。新产品开发项目 10304 个，新产品实现销售收入为 4085.86 亿元，其中出口销售收入为 277.3 亿元。

2016 年，天津市拥有规模以上工业企业 5198 家，其中有 R&D 活动的企业为 2051 家，设有科研机构的企业为 812 家，拥有 R&D 人员 111262 人。2016 年 R&D 投入人员全时当量为 78336 人年，投入 R&D 经费内部支出为 349. 96 亿元，其中来自于政府的资金为 6. 5 亿元，企业自身投入资金为 329. 08 亿元。R&D 经费外部支出为 18. 21 亿元，其中对境内研究支出为 10. 8657 亿元，对境内高校支出为 1. 399 亿元。专利申请数为 17170 件，其中发明专利为 7300 项。新产品开发项目 10767 项，新产品实现销售收入 5642. 83 亿元，其中出口销售收入为 1037. 62 亿元。

2016 年，河北省规模以上工业企业共有 14764 家，其中有 1123 家设有研发机构，有 R&D 活动的企业数为 1701 家，拥有 R&D 人员 122331 人。2016 年 R&D 投入人员全时当量为 82971 人年，投入 R&D 经费内部支出为 308. 67 亿元，其中来自于政府资金为 7. 07 亿元，企业自身投入资金为 297. 29 亿元。R&D 经费外部支出为 14. 17 亿元，其中对境内研究支出为 4. 1267 亿元，对境内高校支出为 3. 0808 亿元。专利申请数为 13189 件，其中发明专利为 4120 项。新产品开发项目数为 8428 个，新产品实现销售收入为 3923. 14 亿元，其中出口销售收入为 432. 9 亿元。

表 3-3　京津冀规模以上工业企业创新情况（2016 年）

项目	北京	天津	河北
企业数（家）	3340	5198	14764
有研发机构的企业数（家）	607	812	1123
有 R&D 活动的企业数（家）	1155	2051	1701
R&D 人员（人）	70658	111262	122331
R&D 人员折合全时当量（人年）	51143	78336	82971
R&D 经费内部支出（亿元）	254. 8433	349. 9551	308. 6608
R&D 经费外部支出（亿元）	25. 7791	18. 2092	14. 1727
专利申请数（件）	20065	17170	13189
新产品开发项目数	10304	10767	8428
新产品销售收入（亿元）	4085. 8562	5642. 8282	3923. 1360

资料来源：国家统计局．中国科技统计年鉴 2017，中国统计年鉴 2017［M］. 北京：中国统计出版社，2017.

二、研究与开发机构

表 3-4 京津冀研究与开发机构创新情况（2016 年）

项目	北京	天津	河北
研发机构数量（个）	396	61	80
从业人员（人）	167138	17228	22900
R&D 人员（人）	113675	10907	10142
R&D 人员全时当量（人年）	99099	10517	9236
R&D 经费内部支出（亿元）	730. 1166	46. 6425	38. 3879
R&D 经费外部支出（亿元）	41. 8449	1. 1175	0. 1461
R&D 课题数量（项）	28437	1584	864
科技论文发表（篇）	57698	2757	2568
出版科技著作（种）	2529	69	82
专利申请数（件）	13454	1352	727

资料来源：国家统计局 . 中国科技统计年鉴 2017 [M]. 北京：中国统计出版社，2017；国家统计局 . 中国统计年鉴 2017 [M]. 北京：中国统计出版社，2017.

京津冀 2016 年研究与开发机构创新情况如表 3-4 所示，从表 3-4 中可以发现：

第一，2016 年，北京市共有研究与开发机构 396 个，其中隶属中央的研发机构为 347 个，隶属地方的研发机构为 49 个。各类研发机构共投入研发人员 113675 人，R&D 人员全时当量为 99099 人年。R&D 经费内部支出为 730. 12 亿元，其中来自政府资金 631. 3337 亿元，企业资金 23. 8991 亿元，国外资金 1. 689 亿元，其他资金 73. 1948 亿元。R&D 项目（课题）数为 284377 项，其中地方 R&D 项目（课题）为 1773 项。R&D 经费外部支出 41. 84 亿元，其中对境内研究机构支出为 22. 9617 亿元，对境内高校支出为 3. 3054 亿元，对境内企业支出为 6. 8204 亿元，对境外机构支出为 0. 0074 亿元。科研机构发表科技论文 57698 篇，其中国外发表 20751 篇，出版科技著作 2529 种。专利申请数为 13454 件，其中发明专利 11353 件。

第二，2016 年，天津市共有研究与开发机构 61 个，其中隶属中央的研究与开发机构为 20 个，隶属地方的研发机构为 41 个。各类研发机构共投入研发人员 10907 人，R&D 人员全时当量为 10517 人年。R&D 经费内部支出为 46.64 亿元，其中来自政府资金 37.6857 亿元，企业资金 1.5749 亿元，国外资金 0.0343 亿元，其他资金 7.3476 亿元。R&D 项目（课题）数为 1584 项，其中地方 R&D 项目（课题）为 585 项。R&D 经费外部支出为 1.1175 亿元，其中对境内研究机构支出为 0.5444 亿元，对境内高校支出为 0.13 亿元，对境内企业支出为 0.4351 亿元。研究与开发机构发表科技论文 2757 篇，其中国外发表 322 篇，出版科技著作 69 种。专利申请数为 1352 件，其中发明专利 1035 件。

第三，2016 年，河北省共有研究与开发机构 80 个，其中隶属中央的研究与开发机构为 8 个，隶属地方的研发机构为 72 个。各类研发机构共投入研发人员 10142 人，R&D 人员全时当量为 9236 人年。R&D 经费内部支出为 38.3879 亿元，其中来自政府资金 36.3853 亿元，企业资金 0.067 亿元，国外资金 0.0028 亿元，其他资金 1.9346 亿元。R&D 项目（课题）数为 864 项，其中地方 R&D 项目（课题）为 632 项。R&D 经费外部支出 0.1461 亿元，其中对境内研究机构支出为 0.128 亿元，对境内高校支出为 0.0168 亿元，对境内企业支出为 0.0013 亿元。研究与开发机构发表科技论文 2568 篇，其中国外发表 204 篇，出版科技著作 82 种。专利申请数为 727 件，其中发明专利 513 件。

三、高等院校

表 3-5　京津冀高等院校创新情况（2016 年）

项目	北京	天津	河北
学校数量（家）	91	55	120
从业人员（人）	178872	61500	134040
R&D 人员（人）	77397	23397	30448
R&D 人员全时当量（人年）	32327	10355	10682
R&D 经费内部支出（亿元）	160.44	63.72	15.90
R&D 经费外部支出（亿元）	19.76	2.80	0.57
R&D 课题数量（项）	91089	22503	23567
发表科技论文（篇）	118193	29977	36187

续表

项目	北京	天津	河北
出版科技著作（种）	5354	681	1554
专利申请数（件）	14960	6044	4834

资料来源：国家统计局．中国科技统计年鉴2017［M］．北京：中国统计出版社，2017；国家统计局．中国统计年鉴2017［M］．北京：中国统计出版社，2017.

京津冀三地2016年高等院校创新情况如表3-5所示，从表3-5中可以发现：

第一，2016年，北京市拥有高等学校91家，设有理工农医类专业学校74家，设有人文社科类专业学校91家。2016年高等学校投入研发人员77397人，研发人员折合全时当量32327人年。R&D经费内部支出为160.44亿元，其中来自政府资金107.9835亿元，来自企业资金47.3306亿元，国外资金3.4170亿元，其他资金1.7045亿元。R&D经费外部支出为19.7609亿元，其中对境内研究机构支出为7.4036亿元，对境内高校支出为5.7730亿元，对境内企业支出为6.5305亿元，对境外机构支出为0.0091元。R&D课题数为91089项，高等学校共发表科技论文118193篇，其中在国外发表的为39384篇。出版的科技著作为5354种。专利申请数共14960件，其中发明专利12308件，占比为82.3%。

第二，2016年，天津市拥有高等学校55家，设有理工农医类专业学校22家，设有人文社科类专业学校54家。2016年高等学校投入研发人员23397人，研发人员折合全时当量10355人年。R&D经费内部支出为63.7203亿元，其中来自政府资金40.3211亿元，来自企业资金20.4292亿元，国外资金0.3275亿元，其他资金2.6426亿元。R&D经费外部支出为2.8026亿元，其中对境内研究机构支出为1.1439亿元，对境内高校支出为1.1339亿元，对境内企业支出为0.5017亿元，对境外机构支出为0.0219元。R&D课题数为22503项，高等学校共发表科技论文29977篇，其中在国外发表的为11683篇。出版的科技著作为681种。专利申请数共6044件，其中发明专利4312件，占比为71.3%。

第三，2016 年，河北省拥有高等学校 120 家，设有理工农医类专业学校 120 家，设有人文社科类专业学校 120 家。2016 年高等学校投入研发人员 30448 人，研发人员折合全时当量 10682 人年。R&D 经费内部支出为 15.9007 亿元，其中来自政府资金 10.2003 亿元，来自企业资金 3.8189 亿元，国外资金 0.0075 亿元，其他资金 1.8740 亿元。R&D 经费外部支出为 0.5659 亿元，其中对境内研究机构支出为 0.1685 亿元，对境内高校支出为 0.2182 亿元，对境内企业支出为 0.1682 亿元。R&D 课题数为 23567 项，高等学校共发表科技论文 36187 篇，其中在国外发表的为 6815 篇。出版的科技著作为 1554 种。专利申请数共 4834 件，其中发明专利 1883 件，占比为 38.95%。

第五节 京津冀与国内外都市圈的比较

一、京津冀都市圈与世界五大都市圈的比较

目前，在全球范围内形成了以纽约、东京、芝加哥、伦敦、巴黎为核心的五大都市圈，如表 3-6 所示。这些都市圈人口规模大、经济和要素集聚度高、国际交往能力强，具有强大的辐射和带动能力，在各国及世界经济发展中发挥着引领带动作用。虽然各都市圈功能定位不同，但又各有特色。

表 3-6 京津冀都市圈与世界五大都市圈的比较

项目	纽约都市圈	东京都市圈	美加五大湖都市圈	伦敦都市圈	巴黎都市圈	京津冀都市圈
范围	波士顿、纽约、华盛顿、巴尔的摩和费城 5 个大城市，40 个 10 万人以上的中小城市	以东京市区为中心，半径 80 公里区域，主要包括东京、神奈川县、千叶县、埼玉县	主要包括芝加哥市、底特律、克利夫兰、匹兹堡和加拿大的多伦多和蒙特利尔	主要包括伦敦市、曼彻斯特、谢菲尔德、伯明翰和利物浦等城市	主要包括法国巴黎、比利时安特卫普、布鲁塞尔、荷兰阿姆斯特丹、鹿特丹和德国的科隆	北京、天津和河北 11 个地级城市

续表

项目	纽约都市圈	东京都市圈	美加五大湖都市圈	伦敦都市圈	巴黎都市圈	京津冀都市圈
面积与城市化	13.8 万平方公里，城市化近 90%	34 万平方公里，城市化近 80%	42 万平方公里	4.5 万平方公里	14 万平方公里，城市化近 80%	18.37 万平方公里
人口	约 6500 万	—	约 5900 万	约 3650 万	约 4600 万	约 9000 万
圈层结构	第一层（塔尖）是纽约；第二层是波士顿、华盛顿、费城和巴尔的摩 4 个大城市；第三层是 40 多个中小城市	中枢管理城区、生产城区、居住城区、生产和生活兼用城区、学园城区和游览城	由 20 个 100 万以上人口组成的特大型城市群	由内伦敦、大伦敦、标准大城市劳务区和伦敦组成四层大都市圈	建设空间、农业空间和自然空间	包括北京、天津两个直辖市和河北省的 11 个地级市
产业结构	商业贸易、研发机构和港口	制造业与金融业	产业结构转型升级和环境保护	金融业与文化创意产业	奢侈品生产与第三产业	高新技术产业、现代服务业
特色	产业分工最完善、最有序	交通港口一体化	产业结构转型升级和可持续发展能力强	创意产业和区域经济	城市生活质量高，人口与土地规划合理	两市一省互动、顶层设计

资料来源：根据唐少清（2014）资料整理。

从表 3-6 中可以看出，都市圈的发展都经历了产业结构转型升级和环境保护等过程。虽然世界五大都市圈的形成发展各具特色，但其演进过程基本相同，都经历了都市圈“单中心—多中心—层级体系”的演化发展路径。从都市圈的可持续发展来看，都市圈的发展应注重经济功能和宜居功能同时并重。

都市圈创新体系是经济发展到一定阶段的产物。近年来，随着国际竞争性质和形式的变化，世界各国（地区）政府对科学技术知识的生产、应用和转化更加重视，加强了都市区域创新体系的建设，积累了很多好的经验。如伦敦模式强调要构建中小企业创新网络；硅谷模式强调创业导向驱动与风险投资融合；纽约模式强调要以高科技产业集群和国际金融中心作为支撑；东京模式强调官产学研合作平台建设等。发达国家由于经济发展相对比较成熟，在都市圈创新体系建设方面取得了很好的成绩，积累了丰富的经验。根据世界五大都市圈创新体系的建设发展，可以总结出以下几方面的经验。

（一）发挥核心城市战略性的影响和极化作用

一个都市圈的形成必须发挥核心城市战略性的影响和极化作用。例如东京和纽约这两个城市，它们不仅是都市圈本身的政治、经济、金融中心，而且是世界性的技术创新中心和科技文化交流中心，发挥着极强的极化作用、场效应和世界性的枢纽作用。它们是跨国公司总部和研发中心聚集地，吸引大量高级技术研发人才和管理人才云集，为都市圈的发展提供了源源不断的动力。

（二）建立良好的都市圈城市体系结构

都市圈创新体系的建设必须注重中心城市和周围城市的建设，发挥中心城市的辐射带动作用，通过单中心或多中心城市的建设，来构建结构层次合理的城市体系结构。例如，东京都市圈就是以东京和横滨为核心城市，与周边城市共同组成一个高效完善的都市圈技术创新体系。

（三）注重都市圈内城市间的分工合作与功能互补

从纽约和东京都市圈的创新体系建设过程中可以看出，这两大都市圈非常注重区域内城市间的分工合作与功能互补，把核心城市的发展与都市圈的整体发展联系起来统一考虑。当纽约的城市功能过于繁重时，它们将传统制造业和商业功能实行外迁，而把纽约城市功能定位于服务中心和金融中心，重点放在基础研究和自主创新方面，发展知识密集型产业，使创新层次分工更明确，从而形成更合理的产业布局。

因此，我们在建设京津冀都市圈的创新体系时，必须提高创新层次，提升核心城市的首位度；明确各层次城市的创新分工，构建合理的城市体系；逐步完善科技创新体制，营造良好的适于创新的文化氛围，完善创新激励机制，制定积极的人才激励政策，为创新体系的高效运转提供人力资本支撑。

二、京津冀都市圈与长三角、珠三角都市圈的比较

通过对创新活动机制的深入分析，集群化、网络化、动态化已经成为技术创新的典型特征。在这样的技术环境下，社会经济的发展需要一个整合创新资源的平台，将创新主体与创新结果联系起来参与国际竞争。综观创新实践活动可以发现，在知识全球化的今天，国家与国家的竞争往往表现为城市或区域之间的竞争，“都市圈”或“城市群”的发展成为主流趋势。

都市圈是由多个城市组合而成，不同创新主体在区域空间内积极联系互动，实现资源优势互补，从而形成一体化协调综合发展的总目标。在我国，已经形成了长三角、珠三角与京津冀等几大都市圈，对我国经济发展起着引领带动作用。

从大区域角度看，京津冀与长三角、珠三角存在着不同，京津冀与珠三角、长三角的比较如表 3-7 所示。

由表 3-7 可以看出，我国三大都市圈承载了全国近 37%的人口，GDP 总量约占全国的 38%，但所占面积不足全国的 5%。珠江三角洲在深圳改革开放的带动下实现了区域的快速发展，长江三角洲在上海浦东试点开发的引领下也实现了区域的腾飞式发展。京津冀都市圈与珠三角、长三角相比，无论是经济总量、市场化进程、对外开放程度，还是区域合作一体化等方面都存在比较大的差距。从经济总量上看，京津冀与珠三角地区比较接近，但明显落后于长三角地区，人均 GDP 明显落后于这两个地区；从市场化改革进程看，京津冀都市圈城镇化率也远低于其他两个都市圈的平均水平，但国有经济在经济发展中所占比例较高；从经济外向度来看，京津冀地区无论是外资投入额，还是进出口贸易总额，都远小于珠三角和长三角地区；从区域合作一体化方面看，长三角地区和珠三角地区明显好于京津冀地区，江苏、浙江和上海已经形成了比较好的创新协作，珠三角地区已经基本形

成了以广州和深圳为中心的发展格局，建成了9个城市间一小时到达的城市圈。京津冀地区一体化效果不是很理想，进程较为缓慢，还没有完全发挥出北京和天津的辐射带动作用。京津冀地区作为政治和科技中心，政府在资源配置中的主导作用比较明显，国有企业在经济发展中的作用比较突出，主要靠内需拉动。技术研发机构和相关产业总部比较多。雄安新区的设立和首都副中心的进一步建设，将会促进京津冀地区一体化进程的加快。

表3-7　京津冀与长三角、珠三角都市圈的比较

项目	长三角都市圈	珠三角都市圈	京津冀都市圈
面积（占全国比例）（%）	约2.19	约0.43	约1.9
人口（占全国比例）（%）	约11.88	约18	约6.87
人口密度（指单位面积上人口承载数量）（人/平方公里）	约5.25	约41.86	约3.62
GDP比重（占全国）（%）	约20	约8.3	约9.1
主要城市	主要包括上海、南京、杭州等13个地市	主要包括广州、深圳等12个地市	主要包括北京、天津和河北11个地级市
社会服务功能	现代工业+金融	外贸型经济+制造服务	政治中心+科技中心
资源配置方式	政府占主导地位，市场为辅	政府与市场高效互动	政府主导与市场辅助
核心竞争力	国际地位高，区位竞争力强	制度优势明显	产业聚集，区位竞争力强
动力机制	民营资本占主导	以外资推动为主导	以国有资本为主导
增长驱动	主要靠投资驱动	主要靠出口拉动	主要靠内需驱动
高新技术产业	生物医药、电子信息、光纤通信	石油化工、电子信息、机械制造	技术研发机构相关产业和总部经济
主要特色模式	买办经济模式、苏南模式和温州模式	深圳模式、东莞模式、顺德模式和南海模式	以国有企业模式为主

资料来源：根据唐少清（2014）资料整理。

三大都市圈各自的资源和优势不同，其运作机制和模式也不相同，创新体系也呈现出不同的特点。

（一）长三角都市圈

长三角地区是我国经济最为发达的地区，经济实力基础雄厚，发展潜力巨大。其人均GDP、开放度、创新能力等多项指标都在全国名列前茅。上海作为长三角中心城市，区位竞争力强，经济发展态势良好，且周边城市的发展成熟度也较高，城市间梯度小，形成了大量的协作配套的高科技产业集群。随着近年来长三角都市圈国际地位的提高，更多研发总部和金融机构在该地区设立，并加大投入，产业体系日趋完备，区域间的合作也更加深入，对我国创新驱动发展战略的实施起到强大支撑作用。

从创新要素资源的配置上看，长三角大都市圈主要包括上海市、江苏和浙江两个经济强省，要实现完全统一的同步发展有一定困难。但随着上海的快速发展，呈现出以上海为中心的长三角的整合趋势，上海与周边城市基本形成一小时圈，交通更加便捷；很多企业将总部或地区中心落户上海，将长三角作为整体进行战略部署。长三角地区无论从技术和人力，还是资金等方面来看，江浙沪三地联合互动的趋势已经形成，创新体系建设取得了长足的进步。

（二）珠三角都市圈

珠三角都市圈最重要的一个特点就是其具有明显的外向型特征。它作为我国改革开放最早的试验地区，在地理上与香港非常邻近，受外资拉动经济的作用非常突出。在经济发展的同时，珠三角地区也具有非常高的创新水准。2017年，深圳专利申请量达17.7万件，授权量为9.4万件，PCT国际专利申请量超过2万件，连续14年专利申请量位居全国第一，占到全国的43.1%。同样，科技投入在全国名列前茅。珠三角地区是创新最活跃的地区，市场体制、机制和创新政策环境等都非常有利于创新活动。

然而，珠三角地区在创新要素配置中也还存在一些问题。例如，随着泛珠三角区域经济合作的深入，迫切需要加强金融领域的合作，但是各省市在金融发展、金融联系程度等方面还存在行政区划壁垒难以突破、金融监管体制不当、风险控制难等制约因素。当区域间出现利益冲突时，金融机构经常以行政区为借口，构筑各种壁垒，阻碍资本在区域内的有效集聚，限制金融要素资源的自由流动和优化配置，不利于区域内经济与金融的联动发展。另外，珠三角都市圈的制造业属于劳动密集型，创新主要以模仿创新为主，企业在创新和研发投入的积极性还有待提高。虽然珠三角地区已经制定了比较好的人才政策，在人才一体化方面有了很大的进步，但是人才的层次还不够高，珠三角地区由"民工经济"为主转向"知识经济"为主的产业经济发展模式还有很长的路要走。

（三）京津冀都市圈

京津冀地区承载了全国8%的人口，创造了全国近11%的经济总量，但土地面积仅占全国的不足2.3%。经过多年的发展已取得了一定的成效，区域人才资源富集，科技力量基础雄厚，科技创新投入巨大，科研处于全国领先水平。但是，由于受历史行政区划的限制，各区域所处的发展阶段不同，各地发展差距较大，京津冀地区的创新资源还没有实现区域内的有效统筹配置，创新驱动的能量还没有得到充分挖掘和发挥。京津冀协同创新发展还面临着科学技术与经济发展结合不够紧密、产学研合作联系还比较少、创新资源缺乏空间合理配置、产业结构布局还未完全形成等一系列的问题和挑战。京津冀的创新资源配置状况与长三角、珠三角相比，还存在一定的差距，京津冀创新资源配置主要呈现出以下特点：①在创新人才和创新资本要素方面，与其他地区相比，北京市经济活动人口素质高，高技术从业人员占比大，研发人员及研发强度均持续稳步增长。所投入的人员当量和经费支出总量远大于天津、河北两地，甚至大于天津、河北两地之和，从科研投入可见三地之间的科研及创新能力差距很大。②从基础研究和应用研究看，由于北京拥有众多的高校和科研机构，基础研究能力十分雄厚，天津、河北两地基础研究能力相对北京较薄弱，存在短板，天津、河北两地应该借助北京的基础研究能力弥补自身不足。③从应用研究情况看，北京明显高于天津、河北两地，情况基本与基础研究状况类似。④从试验发展人员投入来看，天津、河北两地在投入数量上仍不具优势，但天津、河北两地的试验发展人员投入比重高于北京。⑤从创新主体投入角度看，天津、河北两地在工业企业R&D人员投入方面相对于北京略具优势，这从京津冀三地的产业结构与布局上可以找到证据。从科研机构及高等院校 R&D 人员投入看，北京都具有绝对优势。⑥从空间配置看，京津冀各地区城市之间仍有非常明显的差距，从总体上看，呈现京津冀依次递减的阶梯状分布特征。

本章小结

本章对京津冀创新资源配置状况进行了系统的分析，并与国内外几个典型的都市圈进行了比较研究。首先，从创新财力、创新人力要素资源等方面对京津冀创新资源的配置状况进行了分析。其次，在与国际都市圈进行比较基础上，对国际都市圈创新体系建设的经验进行了归纳总结。最后，对京津冀与长三角、珠三角创新体系进行了比较分析。研究发现，京津冀与国内外典型都市圈相比，在总量和结构配置等方面还存在一定差距，但京津冀创新资源配置系统也呈现出自己的特点。通过京津冀的创新资源配置状况分析以及与其他都市圈的比较，揭示了京津冀协同创新资源配置存在的差距，为后续研究提供了有效支持。

第四章

京津冀创新资源配置效率研究

第一节 引 言

都市圈是区域经济在合作与竞争过程中发展到一定阶段的产物，是一种特殊的地域空间组织形式，已成为一个国家或地区经济发展的重要模式。随着全球经济一体化进程的加快和城市化进程的逐步深入，我国已出现很多区域经济一体化程度较高的城市群，如京津冀、珠三角、长三角等都市圈。都市圈的人才、技术、知识、信息等创新要素在空间区域内的集聚与整合成为趋势，都市圈已经成为创新资源集聚和扩散的空间载体（解学梅，2011）。由于我国受传统行政区划的限制，都市圈内各城市自成体系，政府、产业和企业不能形成有效协同，导致都市圈内各城市的创新资源配置效率不高。

都市圈创新体系是指由大学、企业、科学研究机构、中介服务机构和政府等行为主体组成，在技术创新和扩散方面相互协调和相互影响，为知识产生、技能和新产品的创造、储备、使用和转让提供服务的网络系统。创新是追求效率的，我国虽然已经成为世界第二大经济体，但人均经济规模还较小，还属于发展中国家，特别要注重考虑创新资源的投入产出问题。创新要素资源主要包括直接要素和间接要素。直接要素主要是指与技术创新直接相关的资源，包括企业、高校、科研机构的研发成果、技术、人力和资金等；间接要素主要是指与都市圈技术创新活动密切相关的资源，主要包括基础设施、宏观政策和社会环境等。本章将主要考察创新人力、资金和技术等直接创新要素资源在京津冀都市圈的系统配置。创新资源配置效率反映了区域的配置差异，也就是说在既定的资源投入下是否都能够实现最大的可行产出，即所有区域的创新资源配置是否都技术有效（Farrel，1957）。创新资源配置贯穿创新资源投入到创新产出的全生命周期，每一个环节都将影响整个创新活动的最终效果。目前，国内外学者对创新效率的研究主要是采用参数和非参数两种方法进行定量研究，参数方法主要采用确定性生产函数（SFA 最为代表）和最小二乘法等对影响资源配置效率的创新要素进行计量分析。非参数方法主要通过主成分分析法、泰尔指数法和数据包络分析法（DEA）等对资源配置效率进行评价。用 DEA 方法测度效率时，不需要设定具体函数形式，可直接测量多产出的效率度，避免了人为主观设定函数的影响（赵文平和杨海珍，2016）。因此国内外很多学者都运用该方法对创新效率进行评测。但 DEA 也有一些缺点，它无法直接对创新效率的影响因素进行分析，需要采用两步法进行回归分析（Selim & Burasalioglu，2013）。SFA 生产函数模型同时考虑了创新投入、随机因素和技术无效率项对创新产出的影响，同时引入了影响技术无效率的影响因素，采用一步法进行回归，提高了创新资源配置效率测度的准确性。白俊红、江可申和李婧（2009）与一些学者运用 SFA 模型方法进行了相关研究，但是这些研究均是对单一产出进行创新效率的测算，而创新活动的产出成果往往是既有经济产出又有科技成果等，仅靠某一种产出来进行创新效率的评测，可能会影响其客观性和准确性。鉴于 SFA 方法在测度多产出创新效率方面的不足，本书选用投影寻踪方法（Projection Pursuit，PP），将创新产出的多维数据通过最佳投影方向转化成一维数据，然后再选用 SFA 进行效率评测。付强和赵晓勇（2006）、曹霞和于娟（2015）采用 PP 方法来进行多维数据问题的分析，取得了比较好的评价效果。

由于传统的随机前沿模型无法测度多产出创新效率问题，因此，本章利用投影寻踪模型能够将多维数据降为单维的特点，拟构建更加有效的随机前沿效率评测改进模型，以三大都市圈 2005~2013 年实际面板数据进行测度，对影响区域创新资源配置效率的因素进行了分析，期望能为提升都市圈的创新效率提供具体而有可操作性的指导建议，同时也为我国其他区域经济的发展提供借鉴和参考。

第二节　创新资源配置效率的定义

对创新资源配置效率的定义可借鉴技术效率（Technical Efficiency）的概念。法雷尔（1957）从投入视角对技术效率进行了概念定义，他认为技术效率是指投入要素与生产产出之间的最佳配置状态，即在同样的产出下生产单元的最小可行性投入与实际投入的比率。莱本斯坦（1966）从产出视角对技术效率进行了概念定义，他认为在同样投入下生产单元的实际产出与最大可行性产出的比率。配置效率通常用实际产出的组合与社会需要组合之间的距离来表示，它主要反映实际产出与社会要求相吻合的程度，该距离越短表示效率越高。如果企业不能够实现生产的最佳状态，则称为技术无效率。但是有时候当企业采用了最佳的投入组合也有可能无法实现技术有效，即生产函数还未能够实现最佳的等产量曲线。

生产的有效性主要体现在技术有效性和经济有效性两个方面。评价技术有效性不需要价格信息，也不必对生产者的行为进行限定；而经济有效性的评价必须要先获得要素价格信息且对生产者的行为目标进行合理假设。一个区域的创新活动涉及创新经费和创新人员等资源的投入，很难像具体产品那样能够给出一个合理的定价；以区域作为生产单元，很难对其行为目标进行合理假设，因此，对创新资源配置效率的评价可以从技术有效性方面来进行衡量，技术有效性一般用实际产出到生产可能性曲线的距离来表示。

Koopmans（1951）指出，技术有效性主要分为两种情况：一种是指产出不变，减少投入，当存在不能再减少投入的情况时，称之为投入技术有效；另一种是投入不变，扩大产出，当存在不能再增加任何产出的情况时，称之为产出技术有效，如图 4-1 所示。

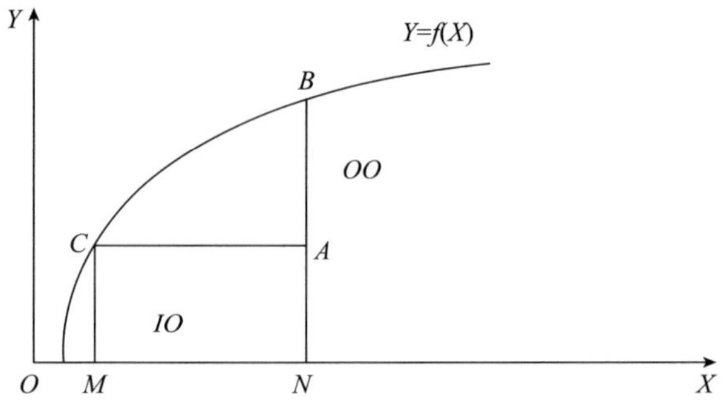

图 4-1　投入导向和产出导向的技术有效性

假设 $f(X)$ 是生产可能性曲线，当生产投入为 ON 时，A 点为实际产出，B 点代表最大可能性产出，则产出导向型的技术效率可写成：

$$TE_0=\frac{NA}{NB}=1-\frac{AB}{NB} \tag{4-1}$$

如果技术是充分有效的，投入 OM，则实际产出就会落在生产可能性曲线的 C 点，也就是说，在产出 NA（$NA=MC$）不变的情况下，生产的投入可以从 ON 减小到 OM，这时，投入导向型的技术效率可写成：

$$TE_1=\frac{OM}{ON}=1-\frac{MN}{ON} \tag{4-2}$$

德布鲁（1951）从产出视角对技术效率的测度进行了定义，指出可以利用“资源利用系数”来进行技术效率的测量，若偏离技术效率指标，则说明资源没有被有效利用，且会对社会造成损失。这种方法与增长理论联系比较紧密，且比较容易理解，在实证研究中应用较为广泛。本章的实证研究就是测度在既有创新资源投入下是否达到了理想的最大可能产出（技术有效）。

由于创新过程具有随机性和不稳定性，每项创新活动具有独特技术和实现途径，致使创新成果具有很大的不确定性，因此创新过程用技术效率测量非常困难。效率作为评价投入产出比的重要指标，高效率则需要“正确地做事”，因此，创新资源配置效率则意味着创新资源在不同组合方式下的最大产出。借鉴这一概念，可以将创新资源配置系统看作是一个封装了的“黑箱”，其配置效率的研究主要分为配置结果和配置过程两方面内容：一是对配置结果的描述刻画；二是通过对配置过程的分析，来解释影响配置结果的关键因素。通过这两方面的结合，可以及时反映创新资源配置行为的动态特性，对其进行更加全面有效的评价，从而帮助进行科学合理的配置决策。

第三节　面板数据随机生产前沿模型

创新资源配置贯穿于创新资源投入到创新产出的全生命周期，每一个环节的配置效率都将影响整个创新活动的最终效果。因此，创新效率类似于生产效率，创新资源配置效率的研究可以借鉴生产函数的概念，通过建立生产函数模型来对各区域创新活动的生产效率进行测算估计。

一、基本模型

Aigne（1977）与 Meeusen 和 Broeck（1977）都认为，随机前沿分析方法的误差项包括随机干扰项和无效率项。SFA 方法能够分别对随机干扰项和无效率项进行很好的统计分析，这种方法不仅考虑了随机因素可作为误差项的一部分，而且同时考虑了一些不可控因素的不确定性影响。

随机生产函数的一般形式可写为：

$$Y_{it}=f(X_{it})\exp(V_{it}-U_{it}) \tag{4-3}$$

式（4-3）中，Y_{it}表示第 i 生产单元（区域）在时间 t 周期的生产产出；X_{it}为生产投入要素向量；$f(X)$ 是生产函数，表示完全效率时的最大生产产出；V_{it}表示观测误差和其他随机干扰因素；U_{it}代表技术无效率项，且 $U_{it}\geqslant 0$；而 $TE_{it}=\exp(-U_{it})$ 表示技术效率水平，可以用生产无效率时的实际产出与最大产出两者的比值来表示，$TE_{it}\in(0,\ 1)$，该值越大表明此生产单元的技术效率越高，如图 4-2 所示。

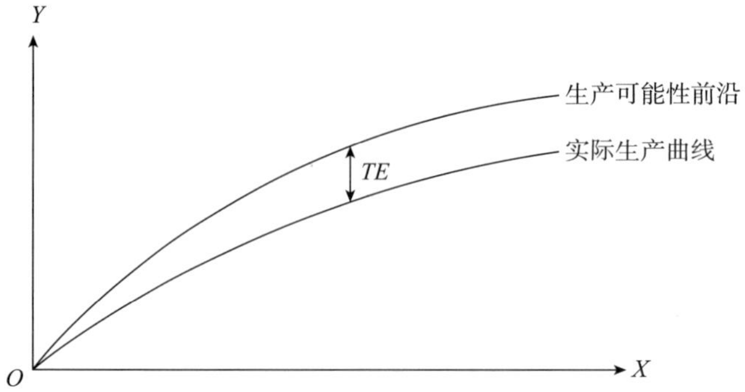

图 4-2　技术效率示意图

二、BC（1995）面板数据随机前沿模型

巴特斯和科埃利（1995）借鉴前人的研究，构建了 SFA 生产函数模型，考虑了时间和其他影响因素，通过一次回归计算，便得到了生产投入和影响因素等所有变量的参数估计结果，解决了原先采用两阶段方法的不足。

SFA 生产函数可写为：

$$Y_{it}=\exp(X_{it}\beta+V_{it}-U_{it}) \tag{4-4}$$

$$U_{it}=Z_{it}\delta+W_{it} \tag{4-5}$$

式中，Y_{it}为第 i（$i=1, 2, \cdots, N$）个生产单元（区域）在第 t（$t=1, 2, \cdots, T$）期的生产（创新）产出；X_{it}为一个 1×K 阶的投入矩阵，代表第 i 个生产单元（区域）在第 t 期的生产投入；β 为一组待估参数；V_{it}为包含随机因素的误差项，它服从 $N(0, \sigma_v^2)$ 分布，而且 $V_{it}\in iid$(独立一致分布)；U_{it}为无效率项，$U_{it}\geqslant 0$，$U_{it}\in iid$，且服从 $N(Z_{it}\delta, \sigma^2)$ 正半部的正态分布；Z_{it}为影响技术效率的外生因素；δ 为待评估的参数，主要表征 z_{it}对技术效率的影响程度；W_{it}为随机变量，其服从截尾正态分布 $N(0,\sigma^2)$。

$$\gamma=\sigma_u^2/(\sigma_v^2+\sigma_u^2) \tag{4-6}$$

式中，γ 为最大似然法估计的参数，若 $\gamma=0$，则表明原假设被接受，即所有生产单元（区域）的生产产出都落在生产可能曲线上，此时不必使用 SFA 方法，只需要采用最小二乘法（OLS）即可；否则，则必须采用 SFA 方法进行分析。

因此，第 i 个生产单元（区域）在第 t 期的生产技术效率可写成：

$$TE_{it}=\exp(-U_{it})=\exp(-Z_{it}-W_{it}) \tag{4-7}$$

由式（4-7）可以看出，若 $U_{it}=0$，则 $TE_{it}=1$，说明处于技术效率状态，这时该生产单元的创新产出点全部都位于生产可能性前沿曲线上；相反，如果 $U_{it}>0$，那么 $0<TE_{it}<1$，则称该状态为技术无效率，这时该生产单元的创新产出点都位于生产可能性前沿曲线之下。

第四节　投影寻踪模型

投影寻踪法（PP）是一种对高维数据进行处理和分析的方法，这种方法的主要特点是降维，其最佳投影方向能够表征原高维数据的结构和特征方向。假设有一数据组，其因变量为 $Y(i)(i=1, 2, \cdots, n)$，相应的自变量为 $\{X(i, j)(i=1, 2, \cdots, n; j=1, 2, \cdots, n\}$。根据投影寻踪的思想，首先，将每一个自变量 X 进行投影，分别得到相应的投影特征值 $Z(i)$，然后构建 $Y=f(Z)$ 的函数关系，从而映射分析 $Y=f(X)$ 的一般关系特性，从而达到对数据进行降维的目的。其具体步骤如下：

一、数据归一化处理

为了消除原始数据的量纲差异对分析结果的影响，需要对原始数据进行归一化处理，其计算公式为：

$$X(i, j)'_t=\frac{X^*(i, j)_t-X_{\min}(j)_t}{X_{\max}(j)_t-X_{\min}(j)_t} \tag{4-8}$$

$$X(i,\ j)'_t=\frac{X_{\max}(j)_t-X^*(i,\ j)_t}{X_{\max}(j)_t-X_{\min}(j)_t} \tag{4-9}$$

式（4-8）、式（4-9）中，$X^*(i,\ j)_t$ 表示第 t 年第 i 个地区第 j 个变量值，$t=1,\ 2,\ \cdots,\ 9$，$i=1,\ 2,\ \cdots,\ j=1,\ 2,\ \cdots,\ 9$；$X_{\max}(j)_t$、$X_{\min}(j)_t$ 分别为第 t 年 i 个区域第 j 个变量的最大值、最小值；$X(i,\ j)'_t$ 代表变量经过无量纲化后的数据。

式（4-8）、式（4-9）中经过无量纲化后的数据会出现 0，所以，为了消除 0 的影响，需要将坐标进行平移：

$$X(i,\ j)_t=X(i,\ j)'_t+A \tag{4-10}$$

式中，$X(i,\ j)_t$ 为无量纲数据平移后指标值；A 为平移幅度，令 $A=0.0001$。

二、构造投影指标函数

设 $a=(a_1,\ a_2,\ \cdots,\ a_m)$ 是单位投影方向向量，将 $X(i,\ j)_t$ 按式（4-10）进行线性投影求得一维投影特征值 $Z(i)_t$，即

$$z(i)_t=\sum_{j=1}^{m}a(j)_t x(i,\ j)_t(i=1,\ 2,\ \cdots,\ n;\ j=1,\ 2,\ \cdots,\ m) \tag{4-11}$$

式中，$a(j)_t$ 为第 t 年第 n 个区域第 j 个变量的投影方向；$j=1,\ 2,\ 3,\ 4$；$x(i,\ j)_t$ 为四个产出变量进行无量纲化平移后的数据。

然后根据 z_i 的一维分布图进行分类，投影指标函数可构造为：

$$Q=s(a)\cdot d(a) \tag{4-12}$$

式中，$s(a)$ 代表类间距，即投影值 $Z(i)_t$ 的标准差；$d(a)$ 为类密度，其表达式分别为：

$$s(a)=\left[\sum_{i=1}^{n}(z(i)_t-\bar{z})^2/(n-1)\right]^{1/2} \tag{4-13}$$

$$d(a)\sum_{i=1}^{n}\sum_{j=1}^{n}(R-r_{ij})f(R-r_{ij}) \tag{4-14}$$

式中，$\bar{z}$ 为系列 z_j 的均值，R 为密度窗口半径，在选取时，为了避免滑动平均偏差太大，尽量使包含在窗口半径内的投影点的平均个数多，但是也不能让其随着 n 的增大而增加太高，因此，取 $R=0.1 \cdot s(a)$；距离 $r_{ij}=|z(i)_t-z(j)_t|$，（i，$j=1$，2，…，n），$f(R-r_{ij})$ 为单位阶跃函数，当 $|R-r_{ij}|\geqslant 0$ 时，$|f(R-r_{ij})|=1$，反之，为 0。

三、优化投影指标函数

当数据样本量确定时，投影指标函数 Q 仅随投影方向 a 的变化而变化，这时可以通过求解投影指标函数最大化问题，来估计最佳投影方向：

$$\max Q=s(a)d(a) \tag{4-15}$$

$$\sum_{j=1}^{n} a^2(j)_t=1 \tag{4-16}$$

式（4-15）、式（4-16）是一个以 a_j 为变量的多约束优化问题。

四、指标权重的获取

在上一步骤中，优化得到最优投影方向向量 a_t^* 反映了各个因素的不同重要程度，而且满足 $\sum_{1}^{m} a^*(j)_t^2=1$，因此可以将 $\omega=(a_1^2, a_2^2, \cdots, a_m^2)$ 作为各影响因素的权重。

五、样本投影特征值计算

根据优化得到的 $a^*(j)_t$，代入公式：

$$z(i)_t=\sum_{j=1}^{4} a(j)_t X(i, j)_t \tag{4-17}$$

$i=1$，2，…，n，$j=1$，2，3，4。即可求得七年创新综合产出变量的投影特征值 $z(i)_t$。

第五节 投入产出指标和外生变量的选取

一、产出指标

傅家骥（2007）指出，创新系统的产出应该反映两个方面：创新主体素质的“科技成果产出”和经济效益的“产业成果产出”。专利数据能较全面地反映各地区发明和创新信息，因此常用专利作为衡量创新系统“科技成果产出”的指标。发表论文数量反映了一个地区创新主体的素质，而高新技术产业新产品销售和技术市场成交额反映出一个地区的创新成果商业化应用和创新产品的市场成功，作为“产业成果产出”指标。依据指标合理性与数据可获得性两个原则，本章选用国外三大期刊检索（SCI，EI，ISTP）收录我国科技论文发表数、专利申请受理数、高新技术企业新产品销售收入和技术市场成交额四个指标来综合衡量我国都市圈创新活动产出水平。

二、投入指标

国内学者白俊红、江可申和李婧（2009）选用 R&D 人员投入和 R&D 经费支出来表征 R&D 创新活动的投入。鉴于 R&D 资源投入具有时滞性和累积性，因而用 R&D 资本存量能更好地反映各省市区的创新实力和潜力。本章选取 R&D 人员全时当量 L_{it} 和 R&D 资本存量 R_{it} 作为衡量指标。

（一）创新人员全时当量 L（单位：万人年）

市场经济发达的国家一般用劳动的有效利用时间来衡量劳动的投入量。根据我国科技数据统计指标的一致性和可获得性，本章选择 R&D 人员全时当量作为劳动投入的衡量指标。

（二）创新资本存量 R（单位：亿元）

创新是一个投入产出的过程，创新产出主要受前期科学技术研究开发投资累加的影响，即创新产出不仅受当期的创新经费支出影响，而且主要是受创新资本存量的影响（涂正革和肖耿，2005）。创新资源的投入具有明显的时间滞后性和累积效应，它不仅在当期形成知识存量的增加，产生知识溢出，而且会影响后续的相关创新活动。因此，创新投入不能只用当期的投资流量来进行计算，而是要充分考虑过往的创新投入所形成的知识资本累积。创新资本存量是经济创新主体研发的基础，是反映科技研发能力和潜力的重要指标，同时也是影响创新主体技术创新效率的重要因素，因此，我们用创新资本存量数据来表征创新经费的投入。目前，我国公开披露的有关科技数据中，只有 R&D 经费支出，没有 R&D 资本存量数据，而 R&D 资本存量的计算相对比较复杂，需要事先确定折旧率和平均滞后期。本章借鉴国际上比较流行的估算资本存量的方法，采用永续盘存法进行 R&D 资本存量的计算。

Griliches（1980）与 Goto 和 Suzuki（1989）指出，t 期的创新资本存量可以用过去所有时期的创新支出的现值与 $t-1$ 期的创新资本存量现值之和来表示：

$$R_t = \sum_{i=1}^{n} u_i E_{t-i} + (1-\delta) R_{t-1} \tag{4-18}$$

式中，R_t 为 t 期的创新资本存量；u_i 为创新支出滞后贴现系数；n 为最长滞后年限；E_{t-i}为 $t-i$ 期的创新经费支出额；δ 为创新资本存量的陈腐化率，它的产生主要是由于出现了更新的技术促使知识的老化，使原有知识不能再用于生产，或者随着时间的推移，创新主体渐渐失去了对知识的专有权，进而使得创新经费支出的产出收益迅速降低。

由于创新知识滞后的各年数据分布很难有可用的信息，本章利用平均时间滞后 τ 进行推算。假定：

$$\begin{cases} u_i = 1, & i=\tau \text{ 时} \\ u_i = 0, & i \neq \tau \text{ 时} \end{cases}$$

可得到：

$$E_{t-\tau} = \sum_{i=1}^{t} u_i E_{t-i} \tag{4-19}$$

式（4-19）可变为：

$$R_t = E_{t-\tau} + (1-\delta) R_{t-1} \tag{4-20}$$

即某年的创新经费支出投入会在平均滞后周期 τ 年后全部转化为创新知识存量，也就是说第 t 期的过去所有时期的创新支出的现值用平均滞后期 τ 年前的创新经费支出额来近似替代。

假定创新资本存量与创新经费支出增长率 g 相同，则基期的创新资本存量可写为：

$$R_0 = E_{t-\tau} / (g+\delta) \tag{4-21}$$

关于创新资本陈腐化率 δ 值的估计方法，参考国际惯例，本章设定创新资本的陈腐化率 δ 为 15%，平均滞后期 $\tau = 0$。则：

$$R_t = E_t + (1-15\%) R_{t-1} \tag{4-22}$$

则基期的创新资本存量为：

$$R_0 = E_1 / (g+15\%) = E_0 (1+g) / (g+15\%) \tag{4-23}$$

式（4-23）中，g 为创新经费支出的年平均增长率，则本章的 g 进行计算后可得式（4-24）：

$$g = (E_{2013} / E_{2005})^{1/9} - 1 \tag{4-24}$$

三、影响创新资源配置效率的外生性因素

创新效率受很多因素影响，本章主要考虑国际贸易强度（$Trade_{it}$）、地方政府科技支持强度（Gov_{it}）、教育水平（Edu_{it}）、企业研发投入（Erd_{it}）、人均 GDP 水平（GDP_{it}）等因素对三大都市圈创新效率的影响。各指标说明如表 4-1 所示。

表 4-1　变量指标说明

变量	指标说明
$Trade_{it}$	进出口贸易额与 GDP 的百分比
Gov_{it}	地方财政科技拨款占地方财政支出的比重
Edu_{it}	大专学历以上人数比例

续表

变量	指标说明
Erd_{it}	规模以上工业企业 R&D 经费内部支出占主营业务收入的比例
GDP_{it}	GDP 总额/总人口。主要表征对于新技术的生产能力（包括创新系统自主生产新技术和从系统外购买的新技术）

第六节　实证研究分析

一、样本与数据

根据科学性、一致性与数据可获得性的原则，京津冀都市圈选用北京市、天津市、河北省的数据，长三角都市圈选用上海市、江苏省、浙江省的数据，珠三角都市圈选用广东省的数据。

数据全部来自中国科技年鉴和国家统计局数据。最新数据可以查到 2014 年的统计数据，但是由于国外三大期刊检索科技论文数只能查到 2013 年，其收录时间比其他指标数据晚一年，因此本章主要选取 2005～2013 年的面板数据对京津冀都市圈的创新资源配置效率进行测度并对其影响因素进行分析。

二、实证模型

本章以国外三大期刊检索收录我国科技论文数、专利申请受理量、高新技术企业新产品销售收入和技术市场成交额四个变量衡量创新产出，借助 PP 降维技术将多维分析问题转化成一维问题进行分析。因此，结合投影寻踪方法对创新的 4 个产出进行投影降维，再运用超越对数生产函数的随机前沿模型分析各省域的创新效率及影响因素，模型求解框架如图 4-3 所示。

本章采用超越对数生产函数进行创新资源配置效率的测度，它比柯

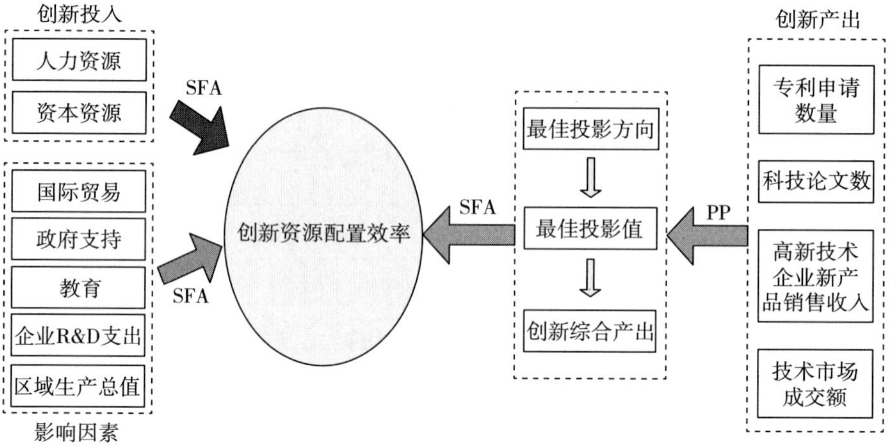

图 4-3　模型求解框架

布—道格拉斯生产函数在形式上更加灵活，且很好地规避了因函数形式设计错误而产生的估计误差。根据 Battese 和 Coelli（1995）的一般模型，构建实证模型如式（4-25）~式（4-30）所示。各指标说明如表 4-2 所示。

$$\ln(Y_{it})=\beta_0+\beta_1\ln L_{it}+\beta_2\ln R_{it}+\beta_3(\ln L_{it})^2+\beta_4(\ln R_{it})^2+\beta_5\ln R_{it}\ln L_{it}+V_{it}-U_{it} \tag{4-25}$$

$$U_{it}=\delta_0+\delta_1(Trade_{it})+\delta_2(Gov_{it})+\delta_3(Edu_{it})+\delta_4(Erd_{it})+\delta_5(GDP_{it})+W_{it} \tag{4-26}$$

$$TE_{it}=\exp(-U_{it}) \tag{4-27}$$

$$\gamma=\sigma_u^2/(\sigma_v^2+\sigma_u^2) \tag{4-28}$$

上述公式的创新人力资源和创新资本存量的产出弹性可以表示为：

$$E_L=\beta_1+2\beta_3\ln L_{it}+\beta_5\ln R_{it} \tag{4-29}$$

$$E_R=\beta_1+2\beta_4\ln R_{it}+\beta_5\ln L_{it} \tag{4-30}$$

表 4-2　随机前沿变量指标说明

变量	指标说明
下标 i	代表省市（i=1，2，…，29）
下标 t	表示时期（t=1，2，…，9）

续表

变量	指标说明
Y_{it}	表示第 i 地区在第 t 年的综合创新产出
L_{it}	表示第 i 地区在第 t 年的创新人员全时当量（万人年）
R_{it}	表示第 i 地区在第 t 年的创新资本存量（亿元）
$Trade_{it}$	表示第 i 地区在第 t 年的进出口贸易额与 GDP 的百分比
GOV_{it}	表示第 i 地区在第 t 年的地方财政科技拨款占地方财政支出的比重
EDU_{it}	大专学历以上人数比例
Erd_{it}	规模以上工业企业 R&D 经费内部支出占主营业务收入的比例
GDP_{it}	表示第 i 地区在第 t 年的人均 GDP
β	表示被估计的未知参数
V_{it}	表示第 i 地区在第 t 期的随机误差项并服从 $N(0,\ \sigma_v^2)$ 正态分布，而且 $V_{it} \in iid$（独立一致分布）
U_{it}	代表生产技术无效率的非负值随机变量，并假设其具有独立的分布特性，服从截断正态分布

三、实证结果分析

（一）基于投影寻踪的创新综合产出的测算

根据投影寻踪模型，基于我国 2005~2013 年 29 个省份（青海、西藏除外）的数据，通过 Matlab 7.0 软件编程对我国三大都市圈各区域创新产出水平进行综合测算，得出专利申请受理量、技术市场成交额、高新技术企业新产品销售收入、国外三大期刊检索论文四个创新产出变量的最佳投影方向，如表 4-3 所示。将表 4-3 中最佳投影方向值代入式（4-17）中，可计算出中国 2005~2013 年三大都市圈的创新综合产出投影值，即创新综合产出水平，如表 4-4 所示。

表 4-3　创新产出的最佳投影方向

变量＼年份	2005	2006	2007	2008	2009	2010	2011	2012	2013
专利申请受理量	0.5002	0.4850	0.7043	0.7043	0.5377	0.8004	0.6424	0.6853	0.7542

续表

变量 \ 年份	2005	2006	2007	2008	2009	2010	2011	2012	2013
技术市场成交额	0.5929	0.1524	0.2007	0.2007	0.4742	0.4231	0.5991	0.4071	0.4862
高新技术企业新产品销售收入	0.6133	0.8351	0.6350	0.6350	0.6421	0.3855	0.4067	0.5956	0.3945
国外三大期刊检索论文	0.1486	0.2100	0.2459	0.2459	0.2715	0.1781	0.2510	0.1000	0.1982

表 4-4 我国三大都市圈创新产出的投影值（2005~2013 年）

区域 \ 年份		2005	2006	2007	2008	2009	2010	2011	2012	2013
京津冀	北京	1.0305	0.6709	1.1512	1.2189	1.1406	0.8804	1.0743	0.7307	0.9300
	天津	0.4819	0.5063	0.4455	0.3329	0.2441	0.1982	0.2020	0.1927	0.2400
	河北	0.0702	0.0639	0.0822	0.0779	0.0762	0.0672	0.0619	0.0570	0.0666
长三角	上海	1.0305	0.9823	0.9746	0.8780	0.7002	0.5158	0.4740	0.3097	0.3415
	江苏	0.5982	0.6709	1.1512	1.2189	1.1406	1.1135	1.1402	1.2120	1.1965
	浙江	0.4819	0.5123	0.7001	0.5827	0.6074	0.5158	0.4805	0.4971	0.5791
珠三角	广东	1.2735	1.3832	1.4191	1.2269	1.0375	1.0091	0.9165	1.0135	0.9299

（二）创新效率测度结果与影响因素分析

将表 4-4 得出的创新综合产出值代入随机前沿分析模型（4-25）中，应用 Froniter4.1 软件进行计算，得到京津冀都市圈 2005~2013 年的创新资源配置效率及影响因素的参数估计值，如表 4-5 所示。

表 4-5 随机前沿生产函数和效率方程参数估计值

变量	待估计的参数及统计量	系数	标准差	t 统计量
常数项	beta 0	-11.74***	2.40	-4.89
$\ln(L)$	beta 1	-2.57**	1.54	-1.67
$\ln(R)$	beta 2	3.82***	1.21	3.15
$\ln(L)\times\ln(L)$	beta 3	-0.73***	0.28	-2.62
$\ln(R)\times\ln(R)$	beta 4	-0.43***	0.16	-2.72
$\ln(L)\times\ln(R)$	beta 5	0.96***	0.41	2.32
常数项	delta 0	1.65***	0.21	8.01
Trade	delta 1	-1.40***	0.44	-3.15
Gov	delta 2	-0.69***	0.08	-8.54
Edu	delta 3	-1.20	1.28	-0.93

续表

变量	待估计的参数及统计量	系数	标准差	t统计量
Erd	delta 4	−11.46***	5.63	−2.04
GDP	delta 5	0.32***	0.04	7.53
	σ^2	0.24***	0.02	10.53
	γ	0.32***	0.08	4.22

对数似然函数值 log likelihood function=−174.31
LR 单边检验 LR test of the one-sided error=179.54
时期数：9 横截面个数：29 总观测值个数：261 mean efficiency=0.393

注：①*、**、***分别表示在10%、5%、1%水平下显著，LR为似然比检验统计量，此处它符合混合卡方分布；②无效率函数中的负号表示变量对效率具有正向影响，反之亦然。

1. 创新效率测度结果分析

γ=0.32>0，且在1%水平下是统计显著，表明32%的误差是由于技术非效率性引起的，用传统方法不能进行估计，因此，要采用SFA方法进行估计。对数似然函数为−174.31，说明极大似然估计的效果较好；似然比检验统计量单边LR检验值为179.54，表明整体估计有效。由表4−5可知，我国2005~2013年创新资源配置效率平均值为0.393，这表明我国区域创新活动还有60%以上的改善空间。

2. 创新资源要素弹性分析

由表4−6和表4−7可以看出，京津冀区域创新人力资源要素产出弹性均值处于不断上升的趋势，而创新资本存量要素产出均值则处于不断下降的趋势，这说明人才在创新过程中起着不可替代的主导作用；从我国创新资源要素产出弹性均值来看，创新人力资源要素产出弹性高于创新资本存量要素产出弹性，创新人力资源的产出弹性系数是创新资本存量要素的2.23倍多，表明创新人员对创新产出的推动作用大于R&D经费，说明我国创新产出的增长越来越依赖于人力资源的投入。由表4−5可知，R&D人员全时当量一次项系数β1<0，二次项系数β3>0，表明创新人力资源与创新产出呈显著的U形关系，说明我国已完成创新起飞阶段，进入基本稳定阶段，这与第三章配置状况相吻合。同时，我们也看到区域差异还比较大，广东地区近些年人力资源弹性为负值，北京、上海、天津地区资本要素弹性近些年为负值，说明现阶段我国一些区域创新要素资源边际效用在减小，一些区域出现人力资源规模大而不强，缺乏创新型人才，创新资金投入和使用结构不合理等现象。因此，必须进一步改善体制机制，调整人力和资本投入使用结构，为创新提供人力和财力保障。

表 4-6　我国三大都市圈人力资源要素产出弹性（2005~2013 年）

区域	年份	2005	2006	2007	2008	2009	2010	2011	2012	2013
京津冀	北京	0. 3344	0. 4731	0. 4398	0. 5380	0. 6532	0. 7883	0. 7636	0. 7836	0. 8713
	天津	0. 9542	1. 0000	0. 9209	1. 0408	1. 1291	1. 1599	1. 0414	0. 9783	1. 0110
	河北	0. 4752	0. 5937	0. 7183	0. 8689	0. 7615	0. 7905	0. 7536	0. 8410	0. 8245
	合计	0. 5880	0. 6889	0. 6930	0. 8159	0. 8479	0. 9129	0. 8529	0. 8676	0. 9023
长三角	上海	1. 0583	0. 9515	0. 9398	1. 0138	0. 6826	0. 8075	0. 8327	0. 9380	0. 9706
	江苏	0. 2634	0. 3372	0. 3242	0. 2644	-0. 0139	-0. 0190	0. 0676	0. 0342	-0. 0019
	浙江	0. 4888	0. 3307	0. 2051	0. 1040	0. 0728	-0. 0110	-0. 0072	0. 0453	0. 0486
	合计	0. 6035	0. 5398	0. 4897	0. 4607	0. 2472	0. 2592	0. 2977	0. 3392	0. 3391
珠三角	广东	0. 2507	0. 1439	-0. 0864	-0. 1363	-0. 1639	-0. 2299	-0. 2586	-0. 3168	-0. 1562
全国	平均	0. 6132	0. 6615	0. 6710	0. 7221	0. 6836	0. 7548	0. 8066	0. 8434	0. 9035

表 4-7　我国三大都市圈资本存量要素产出弹性（2005~2013 年）

区域	年份	2005	2006	2007	2008	2009	2010	2011	2012	2013
京津冀	北京	0. 2625	0. 1442	0. 1369	0. 0458	-0. 0608	-0. 1846	-0. 2018	-0. 2471	-0. 3348
	天津	0. 2678	0. 1902	0. 1965	0. 0647	-0. 0392	-0. 1087	-0. 0829	-0. 0906	-0. 1580
	河北	0. 6189	0. 4973	0. 3739	0. 2331	0. 2600	0. 2008	0. 1796	0. 0769	0. 0468
	合计	0. 3830	0. 2772	0. 2358	0. 1145	0. 0533	-0. 0308	-0. 0350	-0. 0869	-0. 1486
长三角	上海	-0. 0627	-0. 0289	-0. 0582	-0. 1426	0. 0383	-0. 0784	-0. 1334	-0. 2383	-0. 2939
	江苏	0. 4247	0. 3310	0. 2933	0. 2795	0. 4128	0. 3680	0. 2627	0. 2382	0. 2197
	浙江	0. 3839	0. 4395	0. 4729	0. 4914	0. 4686	0. 4789	0. 4322	0. 3541	0. 3129
	合计	0. 2486	0. 2472	0. 2360	0. 2094	0. 3065	0. 2562	0. 1872	0. 1180	0. 0796
珠三角	广东	0. 4597	0. 4834	0. 5848	0. 5681	0. 5337	0. 5260	0. 4916	0. 4817	0. 3322
全国	平均	0. 5978	0. 5235	0. 4731	0. 3925	0. 3663	0. 2720	0. 1903	0. 1208	0. 0406

表 4-8　我国三大都市圈创新资源配置效率（2005~2013 年）

区域	年份	2005	2006	2007	2008	2009	2010	2011	2012	2013	平均值
京津冀	北京	0.8666	0.8533	0.9206	0.9199	0.8978	0.8908	0.8672	0.7818	0.8337	0.8702
	天津	0.9393	0.9395	0.9055	0.7759	0.5551	0.4213	0.3531	0.3058	0.3330	0.6143
	河北	0.2289	0.1957	0.2120	0.1937	0.1695	0.1417	0.1122	0.1030	0.1076	0.1627
	平均值	0.6783	0.6628	0.6794	0.6298	0.5408	0.4846	0.4442	0.3968	0.4248	0.5491
长三角	上海	0.9620	0.9616	0.9575	0.9539	0.9487	0.9340	0.9153	0.8787	0.8527	0.9294
	江苏	0.8681	0.8830	0.9137	0.9063	0.8930	0.8900	0.8932	0.8990	0.8908	0.8930
	浙江	0.7584	0.7286	0.7172	0.5950	0.5998	0.4717	0.4326	0.4522	0.4917	0.5830
	平均值	0.8628	0.8577	0.8628	0.8184	0.8138	0.7653	0.7470	0.7433	0.7451	0.8018
珠三角	广东	0.9561	0.9548	0.9489	0.9374	0.9356	0.9377	0.9226	0.9349	0.9421	0.9411
全国平均值		0.4953	0.4480	0.4562	0.4135	0.3555	0.3231	0.3031	0.2743	0.2961	0.3739

3. 三大都市圈创新效率影响因素分析

根据表 4-5 中无效率方程的参数估计结果，我们可以发现：

第一，国际贸易强度（$Trade_{it}$）的系数 $\delta_1=-1.40$，为负且高度显著，表明国际贸易的相对规模增长对于创新资源配置效率的增长有着积极显著的作用，说明进出口贸易活跃的区域更利于技术扩散，其创新资源配置效率更高。我国在经济规模总量上已经位居世界第二，正在由“中国制造”转变为“中国创造”，正在由世界的制造中心转变为世界的创新中心，通过国际科技合作不仅能提高科学研究的质量、效率和效果，还能分担研究成本。国际合作已经成为促进创新的重要途径，我国政府必须加强国际开放程度，加大商品自由贸易和知识产权保护力度，从而提高我国商品进出口贸易额。

第二，地方政府对科技支持强度（Gov_{it}）的系数 $\delta_2=-0.69$，为负且高度显著，这说明地方政府加大财政科技拨款的投入比例，促进了区域创新资源配置效率的提升，起到了积极的促进作用。这种作用主要体现在两方面：一是直接作用，地方政府财政科技拨款直接增加了区域创新经费投入，从而增加了区域创新资本存量。全国 2013 年研究与试验发展（R&D）经费统计表明，基础研究占比为 4.7%，应用研究占比为 10.7%，试验发展经费占比为 84.6%。其中，基础研究的比例比欧美发达国家低十几个百分点，因此，要想提高我国自主创新水平，必须加大对基础研究的投入。二是间接作用，地方政府可以出台一些财政科技拨款配套政策，如财政补贴和税收等政策，可刺激企业加大技术研发活动的投入力度。政府通过明确价值目标和利益取向的指引，可以提高创新资源的有效配置。我国的政府科技经费多部门管理，科技项目申请中存在寻租和腐败行为等问题。政府应该通过公开统一的国家科技管理平台，依托专业机构管理科技项目，构建新的具有中国特色的科技计划管理体系。政府科技管理部门通过规划、政策等方式统筹协调，加强制度化的监督，更好地谋划和更有力推动科技发展、促进创新，切实完成好科技管理职能的转变。

第三，教育水平（Edu_{it}）的系数 $\delta_3=-1.20$，为负但不显著，表明政府对教育重视程度与创新效率存在正相关，但是对创新效率的影响并不显著。重视和支持教育发展的地区，劳动者的综合素质相对较高，而高素质的劳动者是开展研发创新活动的基石，能主导区域创新能力不断向更高水平迈进。但是，创新资源发挥最大效用，需要高端创新人才和创新技术的投入，需要创新资源的系统高效配置。因此，地方政府应该加大对教育事业的投入力度，加强专业技能培训，提高地区劳动者素质，同时制定鼓励创新人才合理流动的机制政策，吸引高端科技研发人才，为提升创新能力奠定人才基础。

第四，企业研发投入（Erd_{it}）的系数 $\delta_4=-11.46$，为负且高度显著，表明企业加大 R&D 经费的支出将促进创新效率的提升，企业是创新的主体，但是目前各区域企业的创新投入还比较少，所以政府应加大对企业的政策支持力度，鼓励企业进行创新的投入。

第五，人均 GDP 水平（GDP_{it}）的系数为正且高度显著。通常情况下，人均 GDP 主要用来表征区域新技术的生产能力（包括区域创新系统自主生产新技术和从系统外购买的新技术）。但是，当由于资源充沛导致冗余产生时，人均 GDP 的提高也会导致资源配置效率降低，因此，人均 GDP 的增长对创新效率的影响需要视具体情况而定。

（三）三大都市圈创新资源配置效率异质性分析

由表 4-8 可知，在 2005~2013 年，珠三角创新资源配置效率平均为

0.94、长三角配置效率为0.80，京津冀创新资源配置效率仅为0.55，三大都市圈创新资源配置效率高于全国平均值0.3739。珠三角、长三角、京津冀区域创新资源配置效率整体上呈依次递减分布，虽然三大都市圈的创新资源配置效率都高于全国平均值，但是京津冀与珠三角、长三角差距比较大，各城市的平均资源配置效率从高到低依次为上海、广东、北京、江苏、天津、浙江、河北。

珠三角都市圈的市场体制、机制和政策环境都有助于创新效率，且外向型特征明显。随着外资的大量进入，造就了例如东莞之类的IT制造名城。珠三角不仅经济发展在全国名列前茅，而且在科技创新投入、专利申请量方面都表现出非常高的创新能力，仅深圳的国际PCT专利申请量就占全国的近一半。长三角地区有非常雄厚的经济基础，无论人均GDP、创新能力还是开放度，都位于全国前列，而且长三角的区位竞争力是最强的，以上海为核心城市，周边地区已经形成了发展成熟度高、协作配套的很多高科技产业集群，已经有了较为完备的产业体系，区域合作也日渐加深，长江都市圈的建设必将对我国长江经济带国家发展战略起到强大支撑作用。近些年来，长三角都市圈协同创新体系的建设也取得了很大进展，城市之间合作联系更加密切，互动协调发展趋势越来越明显，人才、技术和资金等创新要素的流通环境得到了很大改善。只有大都市圈各个城市分工协作，发挥规模经济和集聚效应，共享创新要素整合带来的利益，才能增强区域经济竞争力。

京津冀都市圈经济总量增长速度虽然高于全国平均水平，但是其对外开放度低，在吸引和利用外资方面也远落后于其他两个都市圈。同时，京津冀三地由于处于不同的发展阶段，区域间的差异也比较大，没有形成统一分工协作的格局，区域间联系不够紧密，北京和天津的辐射能力还没有完全发挥，没有体现出区域一体化运作的特征。但是，随着京津冀协同发展战略的实施，京津冀都市圈将在人才、资金和技术等方面的合作日益加深，目前，已经出现了大量的产业集聚现象，表现出较强的区域竞争力。

综上所述，我们可以得出以下结论：

第一，在创新资源配置效率方面，京津冀都市圈的创新资源配置效率与珠三角、长三角还有一定的差距。我国都市圈各地区的创新效率与实际创新实力相一致，符合人们的一般预期。从全国省市区域来看，平均创新效率仅为0.3739，处于较低水平，尚有60%以上的提升空间。因此，不仅要注重创新资源的投入，更要讲求对创新资源的利用。

第二，从创新资源要素产出弹性的变化趋势来看，创新人力资源要素产出弹性高于创新财力资源要素产出弹性。因此，必须建立和健全都市圈协同创新机制，建立跨行政区域管理协调组织机构，建立京津冀三地统一的技术市场，减少市场运作的机制障碍，形成优势互补、互利共赢的发展格局。要积极引导资源合理配置，激励优势地区继续发挥自身优势，增强创新能力，并鼓励其积极与国际接轨，引进先进技术和管理经验。为了实现技术资源共享，京津冀三地各级政府管理部门应积极制定有利于人才流动的政策，共同协商创新资源的投入使用方式，尽量减少和避免重复投入。可通过共建人才、资金、科研设备、信息、技术标准的网络共享平台，促进创新资源和科技成果的开放共享；可通过相互开放各自的重点实验室、检测设备、实验设备等来提高创新资源的使用效率，进而提高京津冀都市圈的整体协同创新能力。

第三，国际贸易强度、地方政府对科技的支持强度、地方教育重视程度、企业研发投入均是创新效率提升的重要因素。教育重视程度对创新有正向作用，但不显著。地方经济水平（GDP的人均增长）对创新的影响需根据具体情况而定。这与中国实际情况相吻合。因此，政府要重视区域人才整合，建立京津冀三地统一开放共享的人才市场，实现人才供需信息的及时交流，重视加强人才的教育培训，提高劳动者素质，吸引高端科技研发人才，为提升创新能力奠定人才基础。同时，政府应制定积极的财政和税收政策，鼓励创新主体加大创新资源的投入，重视创新资源的合理利用，激发创新主体创新的积极性，增强创新实力，提高创新效率，真正实现都市圈内部区域均衡协调发展。

本章小结

本章首先借鉴产出导向型技术效率，阐述了创新资源配置效率的定义，以测度现有的创新资源投入是否实现了可行的最大产出，然后详细分析了投影寻踪和随机前沿一般模型。由于随机前沿分析方法在测量多投入、多产出创新效率问题方面存在不足，本章结合投影寻踪模型降维的特点，构建了有效评测创新效率的随机前沿改进模型，以 BC（1995）模型作为本章实证研究的基础模型。选用国外三大期刊检索收录我国科技论文发表数、专利申请受理量、高新技术企业新产品销售收入和技术市场成交额四个指标作为产出指标，选取 R&D 人员全时当量和 R&D 资本存量作为投入衡量指标，将国际贸易强度、地方政府支持强度、教育水平、企业研发投入、地方经济水平等因素作为外生性因素。基于我国各省市区 2005~2013 年数据，对京津冀都市圈与长三角、珠三角的创新资源配置效率及影响因素进行了实证对比分析。

研究结果表明：①在创新资源配置效率方面，京津冀都市圈的创新资源配置效率与珠三角、长三角还有一定的差距；②从创新资源要素产出弹性的变化趋势来看，创新人力资源要素产出弹性高于创新财力资源要素产出弹性，创新人力资源要素对创新产出呈 U 形关系；③国际贸易强度、地方政府科技支持强度、企业研发投入等均对创新资源配置效率起到了显著的正向作用。教育重视程度对创新有正向作用，但不显著。地方经济水平（GDP 的人均增长）对创新的影响需根据具体情况而定。

第五章

京津冀创新资源配置模式研究

第一节　引　言

随着全球经济进程的加快，一个国家的经济发展更多依赖一个区域或城市群的发展。京津冀、长三角、珠三角都市圈成为中国经济发展的新引擎，京津冀协同发展已成为国家战略。加强区域间技术协同创新是提高区域创新竞争力的重要途径。协同创新不仅是一种创新组织模式，更是一种科技创新的新范式，其目的是整合互补性资源，协作开展创新活动，促进合作各方发挥各自的独特优势，加速技术产品化与科技成果产业化（陈劲和阳银娟，2012）。创新是知识学习、转移和整合的过程，组织内部和外部的知识对创新同样重要（Chesbrough，2003）。产学合作是协同创新的重要形式，受到了商界和学术界的高度认同。普通高等院校拥有较强的基础研究能力，是科学技术研发的生力军；而企业具有较强的科技成果转化和产业化的市场能力，它们优势互补和资源共享为大学和企业间的耦合提供了条件（肖丁丁和朱桂龙，2012）。产学协同创新是一个非常复杂的要素综合体，它包括知识、资源与行为在空间与非空间的整合。首先，空间要素通过频繁的交互来促进信息和知识共享，特别在知识是缺省、复杂的和黏滞的情况下。其次，它们通过建立信任和组织学习来帮助解决协调问题。各创新主体都要进行有效的技术创新合作，必须克服技术邻近性、制度邻近性、地理邻近性等因素。因此，创新合作关系的形成需要综合考虑多方面因素，不仅考虑合作创新的成果，还要考虑合作创新的成本。技术邻近性、制度邻近性、地理邻近性会直接影响跨区域创新合作的绩效。每个维度的邻近性程度的高低不仅影响跨区域创新合作关系的形成，而且还对合作创新绩效有直接影响（Boschma，2010）。

目前，关于大学与企业协同创新影响因素的研究主要分为产学合作创新倾向的影响因素研究和产学合作创新绩效的影响因素研究（刁丽琳和朱桂龙，2014）。首先是对产学研合作倾向的影响因素的研究。Giuliani 和 Arzat（2009）发现，企业有价值的“知识池”是校企合作创新的基础，是产学双方合作关系形成的驱动因素。朱桂龙和李奎艳（2008）认为，影响大学与企业合作绩效的因素有很多，主要包括创新文化、企业规模、营销能力和吸收能力等。郭斌、谢志宇和吴惠芳（2003）认为，产学合作主要受参与者、组织结构和项目特性等外部环境影响。Cohen 等（2002）和 Cooke 等（2000）发现，很少有中小企业愿意与高校、院所等研究机构建立协同交互网络，而大企业则更多地希望通过产学研合作来共享引用公共研发的成果。马莹莹和朱桂龙（2011）发现，高校科研队伍的成员结构、环境和规模对产学研合作绩效产生影响。Fritsch 和 Lukas（2012）研究表明，企业规模会影响产学研合作关系的形成。Fontana 和 Geuna（2006）等对欧盟 558 家创新企业的开放度进行了研究，开放度的测量指标是以企业搜寻、筛选和发送信号意愿强度来衡量，结果显示，企业的开放程度越高，企业与大学进行产学合作的可能性越大。Eom 和 Lee（2010）对韩国 538 家企业进行了调查研究，结果发现，政府支持是企业与大学等科研机构合作的重要影响因素，同时其选择知识产权制度作为行业特征指标，对行业的影响进行了研究。结论显示，企业所属行业的知识产权制度越完善，企业的产学研合作倾向也就越大。Capron 和 Cincera（2003）研究发现，获得政府支持的企业更愿意与公共科研机构合作创新。Hong 和 Su（2013）研究认为，大学声誉越好，与企业进行产学合作创新的可能性更大。刁丽琳和朱桂龙（2014）对产学合作中的隐性知识和显性知识转移进行了研究，结果显示，在知识转移中，信任对隐性知识的正向影响要强于对显性知识的正向影响。其次，也有很多学者对产学研合作创新绩效的影响因素进行了研究。Ponds、Oort 和 Frenken（2007）证实，地理和组织的相关性对大学、企业和科研机构合作绩效有重大影响。谢志宇（2004）认为，不仅吸收能力和技术不明确性等外部环境对产学合作关系的形成有影响，而且产学合作结构和合作行为对创新合作绩效也有不同的影响。Goerzen 和 Beamish（2005）

基于意大利196家企业的研究发现，产学诸如地理距离、资本书化和企业规模等组织的异质性因素会影响产学研合作创新的绩效，同时，同质性组织的合作效率要高于异质性组织的合作。程强（2015）基于113家产学研合作企业的样本数据实证检验形成了以下结论：知识异质性和关系异质性都对产学合作创新绩效有正向的影响，而观念异质性虽然有正向影响但并不显著，可能的原因是双方的观念不同。马莹莹和朱桂龙（2011）从行业的角度对产学研合作绩效进行评价，并将表征行业特征的企业规模、技术水平及资本密集度作为研究变量，分析结果表明，技术水平和资本密集度高且企业规模小的产业，进行产学研合作的创新绩效比较明显。陈光华和杨国梁（2015）以广东省省部产学研合作专项为例，考察边界效应对创新绩效的影响，研究结果表明，边界效应无所不在，行政边界的壁垒会限制产学研合作创新绩效的提高。张秀峰、陈光华和杨国梁（2015）分析了企业所有权性质在创新价值链的知识创新、科研创新和产品创新三个阶段对产学研合作创新绩效的影响。

现有研究存在两大不足：一是目前国内关于技术邻近性、地理邻近性和制度邻近性对京津冀产学合作关系影响的研究文献相对较少。二是以往研究主要以产学合作双方的专利引用量、专利申请或授权数量以及新产品数量等作为分析变量，较少有研究使用京津冀产学双方共同申请专利数据作为分析变量。因此，本书认为，共同申请专利数据更能反映出产学双方协同创新的效果，以其作为因变量来进行实证分析，研究结论更具有说服力。

因此，本章基于2000~2016年京津冀都市圈28所大学与980家企业在国家知识产权局联合申请的专利作为分析变量，旨在探讨地理邻近性、制度邻近性和技术邻近性及其交互作用对京津冀产学协同创新合作关系形成的影响效应，以便为京津冀协同创新提供更多的理论与政策依据。

第二节　理论分析与研究假设

邻近性理论已经被越来越多的国内外学者所认同，近些年来，在跨区域协同创新理论的研究中被广泛应用。20世纪90年代，法国邻近动力学派（French School of Proximity Dynamics）率先提出了“多维邻近性”（Multidimensional Proximity）的概念，他们认为，多维邻近性应该包括多重维度且每个维度邻近性都有利于帮助企业相互学习和创新。荷兰学者Boschma（2010）认为，邻近性主要包括社会邻近性、制度邻近性、组织邻近性、认知邻近性和地理邻近性五个维度，各维度的邻近性过高或过低都会影响合作创新。Steinmo和Rasmussen（2016）也认为，地理邻近性、认知邻近性、组织邻近性和社会邻近性是影响产学合作的重要因素，可以提高企业和公共研发机构合作关系的形成，各维度邻近性具有替代性和互补性，且不同维度的邻近性在持续不断地影响着合作关系的形成。Geldes等（2015）对智利农商产业集群进行了调查研究，实证分析结果表明，不同维度邻近性对产业集群内部企业的市场合作关系有积极影响。我国学者党兴华和弓志刚（2013）分析了中国30个省级区域1999~2009年联合申请的专利数据。研究发现，地理邻近、认知邻近以及制度邻近对区域间技术创新合作有影响；制度邻近性对创新合作产生正向显著影响。如果认知邻近性过高，则会降低跨地区的技术创新合作倾向。吴卫红、李娜娜和张爱（2016）基于多维邻近性视角对京津冀地区协同创新进行了研究，认为制度邻近性、认知邻近性和地理邻近性对产学协同创新具有积极影响；且制度邻近性中的市场化开放程度是影响协同创新的重要因素，而地方保护程度则会制约协同创新的合作。

综上所述，近些年来，为了更好地解释哪些因素会影响跨区域协同创新，国外很多学者对多维邻近性理论做了大量定性和定量研究，得到了一些令人信服的结论。大多数中国学者从定性角度对影响因素进行了分析，运用定量方法进行多维邻近性的研究还不够深入。

一、地理邻近性

地理邻近性通常是指两个协同创新组织之间的绝对地理距离的倒数（Boschma，2005）。大量研究结果表明，地理邻近性（邻近程度）是影响跨区域组织协同创新的重要因素。Katz（1994）基于公开发表的数据进行了研究，结果发现，大学之间的研究合作频率随着距离的增大而呈指数下降。Mansfield 和 Lee（1996）研究发现，如果大学与企业研发中心距离在 100 英里范围以内，则双方更容易达成创新合作关系。Liang 和 Zhu（2002）研究表明，地理邻近性能促进区域之间科研合作频率。Ejermo 和 Karlsson（2006）的研究也指出，地理邻近性能促进区域协同创新合作关系的形成。Petruzzell（2011）基于大学与企业联合申请专利的研究也发现，地理邻近性对跨区域产学合作的创新绩效影响具有积极显著影响。Hong 和 Su（2013）基于中国专利数据进行的研究指出，如果地理距离越远，那么大学与企业之间的合作可能性就越小。Hoekman 等（2010）等使用欧洲 33 个国家 2000~2007 年的数据进行了研究，结果表明，地理邻近性对跨区域组织创新合作有影响，且地理邻近性越大，合作意愿更强。

尽管大量研究表明地理邻近性促进了合作创新，但也有一些研究并不支持地理邻近性在促进合作创新中的作用。Torre 和 Rallet（2005）认为，随着互联网、信息技术的发展，许多隐性知识可以通过编码形式进行传输共享学习，合作创新主体之间可以利用会议、视频和短暂访问等形式代替地理上邻近，通过短期面对面交流促进远距离合作。Laursen 等（2011）研究发现，即使企业与大学紧邻，企业也会选择与质量好的当地大学进行合作，而不愿意与质量差的大学进行合作。Hewitt-Dundas（2013）的研究也表明，如果企业靠近研究成果丰硕的大学，那么他们的合作表现会更好。此外，也有学者认为，地理邻近性与创新合作之间的关系会受到合作形式和合作内容的调节。

本书认为，在创新过程中，知识主要分为显性和隐性两种知识，通常隐性知识强度相对较大，需要面对面的沟通和交流，地理越邻近则越容易实现频繁的面对面沟通，地理邻近性可以促进产学合作关系的形成。企业与大学之间的地理距离越远，合作创新的可能性就越小。因此，本章提出以下假设：

H1：地理邻近性对跨区域产学协同创新合作关系的形成具有正向影响。

二、制度邻近性

制度邻近性是指合作双方在各自所在区域宏观层面的制度接近度（或相

似程度），主要包括正式制度（如法规、政策、法律、规章和契约等）和非正式制度（如文化传统、伦理道德、习惯习俗、价值观念和意识形态等）。一个地区特定制度环境的长期形成将会激励和促进合作创新（刘志迎和单洁含，2013）。区域间的体制环境的差异会阻碍跨地区技术创新合作（夏丽娟、谢富纪和王海花，2017）。在具体实践应用中，由于制度框架、规范和价值观等多方面的差异，研发人员的激励将变得更加困难。如果文化和体制形式非常接近，则会提高团队学习的强度；相反，不利的创新环境将会阻碍创新互动，限制跨区域的产业整合。Lagendijk 和 Lorentzen（2007）认为，制度邻近性表明创新主体有比较相似的行为规则和价值观，容易互相信任，形成共同的项目目标，可减少交易成本，并降低不确定性。Cassi 和 Plunket（2015）、Balland（2012）强调，在类似制度环境下，制度邻近可以使创新主体保持原有的激励和协调惯例，促进持续地创新合作。制度邻近有助于集体学习，基于创新主体形成的规范、程序和规则，通过表达他们的想法和行动，实现快速的知识转移。Asheim 和 Coenen（2005）认为社会文化和制度对合作创新有重要作用，其中，政府、大学、研究机构、金融机构、职业培训机构、商业协会以及技术中介机构等组织都扮演着越来越重要的角色。

市场指数是区域制度差异最重要的表现形式，可以反映市场在资源配置中的作用程度（王小鲁、樊纲和余静文，2017），它对创新成果的市场化应用、创新要素自由流动和企业的主导地位都有重要影响。在市场化程度较高的地区，竞争激烈，企业在区域技术创新体系中的地位较高，企业会主动创新，研发人员、创新基金和技术专利等各种创新资源可以自由流通，这有利于企业跨区域技术创新合作，促进创新成果迅速应用于市场；相反，会阻碍限制地区间的技术创新与合作。因此，本章提出以下假设：

H2：制度邻近性对跨区域协同创新合作关系的形成具有正向影响。

三、技术邻近性

技术邻近性是指组织之间的技术经验和知识基础相似程度（或邻近程度）。在技术邻近性的研究中，关于合作创新绩效的研究较多，对技术邻近性与组织合作创新倾向关系的研究较少。Mowery 和 Oxley（1998）分别用专利交叉引用率和共同引用率作为技术重叠度（技术邻近性）指标进行了研究，结果发现，技术邻近性对创新合作倾向的影响存在倒 U 形关系。Cantner 和 Meder（2007）研究表明，如果企业之间技术基础越接近，那么他们越倾向建立合作关系。Narula 和 Santangelo（2009）研究发现，当技术邻近性逐渐增加时，同一行业的企业更愿意组合成研发联盟，但是双方的合作关系不是倒 U 形曲线。这可能的解释是数据来自同一个行业，而不是各类产业数据。关于技术邻近性与其他邻近性交互作用的文献研究仍然很少。王庆喜（2013）基于中国 5 个高技术产业 1995~2010 年的创新投入产出数据，对技术邻近性和地理邻近性之间的相互作用进行了研究，结果发现，技术邻近性与地理邻近性的交互作用并不显著，一个可能的原因是它们之间的弱相合性所致。

综上所述，技术邻近性对产学协同创新合作关系的影响不是单一的线性相关关系。合作创新主体之间为了识别和吸取新知识，需要双方技术上接近，而且只有他们之间的技术基础足够接近，才可以沟通交流和理解新知识。如果技术邻近性很小，创新主体将很难完全理解对方知识，则合作的可能性相对就会变小。随着技术邻近程度的提高，他们更倾向于更多的合作，但是存在一个阈值（突破点），超过这个突破点，双方知识的互补性就会变小，创新动力不足，合作创新绩效就开始下降。因此，只有适度的技术邻近性才能有利于沟通合作，才能提升创新的绩效。因此，本章提出如下假设：

H3：技术邻近性对产学协同创新合作关系的形成产生倒 U 形影响。

四、邻近性的交互作用

京津冀协同创新是一个综合创新系统，邻近的重要作用与空间聚集产生的利益相关，邻近不仅与交易成本有关，而且与社会和文化有关。Messeni Petruzzelli（2007）认为，区域经济组织的成功和发展取决于创造新知识和创新的能力。De Dreu 和 West（2001）认为，知识经常通过与外部组织的互动获得，通过这种知识的获取可以帮助企业准确评估新的信息、机会和附加价值。如果仅考虑单一维度的邻近性，将不能充分理解多维邻近性如何影响产学协同创新合作关系的形成。因此，研究邻近性之间的交互作用①是非常重要的。

（一）地理邻近性和技术邻近性的交互作用

大量的实证文献研究显示，地理邻近性和技术邻近性的交互作用是负相关的（Cassi & Plunket，2014；Singh & Marx，2013）。组织间的创新如果缺乏吸收能力将难以整合两种截然不同的知识体系，将不能产生更好的创新绩效。如果技术邻近性太低，创新产出就会减少；但是，如果知识太过于密切，冗余和缺乏学习机会也可能会减少创新产出，这时，技术邻近性与地理邻近性的交互可能会缓和这一结果，通过地理邻近，可以实现有效的创新资源集聚，促进企业进行规模化生产。地理邻近有助于企业进行交互式学习，为企业和大学共享科研设备等资源提供了条件，可减缓技术邻近性的作用。地理邻近性对技术邻近性有调节作用，会影响产学双方协同创新合作的倒U形关系。当产学双方之间距离比较大（即地理邻近性比较小）时，技术邻近性会促进双方合作创新倒U形关系的形成；当产学双方之间距离比较小（即地理邻近性比较大）时，技术邻近性会削弱双方合作创新倒U形关系的形成。因此，本章提出以下假设：

H4：地理邻近性与技术邻近性的交互作用会对产学协同创新关系的形成产生负向影响。也就是说，当大学和企业地理邻近性较大（即地理距离较小）时，技术邻近性对产业与大学协同创新的作用会减弱。

（二）制度邻近性和技术邻近性的交互作用

由于理性有限，企业和个人倾向于靠近他们现有的知识基础（Boschma，2005；Sorenson & Stuart，2001）。对隐性的知识来说，如果要进行知识的交流和转移，需要双方彼此高度的信任和理解，因此，如果创新主体缺乏共

---

① 交互作用项不等同于相关性。如果我们考虑一个具有两个变量 X_1、X_2 的简单模型，$Y=\beta_0+\beta_1X_1+\beta_2X_2+\beta_3X_1X_2+\varepsilon$，考虑 X_1 的边际影响（$\partial Y/\partial X_1=\beta_1+\beta_3X_2$），虽然 X_1 对 Y 有积极正向影响，如果相互作用是负的（$\beta_3<0$），那么当 X_2 不等于0时，X_1 的边际影响就会降低。

同的社会文化基础，则会阻碍技术、知识等创新要素的流动，从而影响创新效果。如果组织间在制度邻近性方面非常接近，则会降低知识和信息的沟通与转移成本，加强知识更深入的组合和调整，获得更多的专业效益，从而促进双方更密切地合作。因此，制度邻近性应该可以缓和技术邻近性的负面影响。如果创新环境基于累积知识，效果会更好。本章认为，如果制度邻近作为协调机制，促进知识和互动学习的流动以实现专业化回报，那么更多的技术邻近并不一定是负面的。因此，我们提出以下假设：

H5：制度邻近性与技术邻近性的交互作用会对产学协同创新合作关系的形成产生负向影响。

（三）制度邻近性和地理邻近性的交互作用

制度邻近性具有协调创新组织的机制，使信息和知识的传递与交换成为可能（Davenport，2005）。因此，制度接近程度对外部学习过程有积极影响，制度比较接近有利于相似行为者之间的相互理解（Knoben & Oerlemans，2006）。事实上，具有相同制度背景的合作双方互动学习主要取决于他们所拥有的互补知识的交换能力。由于互动学习，为创新型经济提供了丰富的环境过程和基于社会交往的"黏性"知识（Boschma，2005）。然而，太高的制度接近会对学习和创新产生负面影响，存在被锁定在特定交换关系中的风险。组织内部和组织间的创新网络具有路径依赖性，可能在闭合和内部锁定系统中发展。过度的制度接近可能无法提供创新所需的组织灵活性（Blanc & Sierra，1999）。因此，太高的制度接近度，则伴随着缺乏灵活性；制度接近程度太低，就会缺乏控制，增加机会主义风险。制度邻近性与地理邻近具有替代效应，随着地理距离的减小（最终实现区域一体化），就会弱化制度邻近性的负面作用。因此，我们提出以下假设：

H6：制度邻近性与地理邻近性的交互作用会对产学协同创新合作关系的形成产生负向影响。

基于以上地理邻近性、制度邻近性和技术邻近性对京津冀产学协同创新合作关系形成影响机理的分析，本章的理论分析框架如图 5-1 所示。

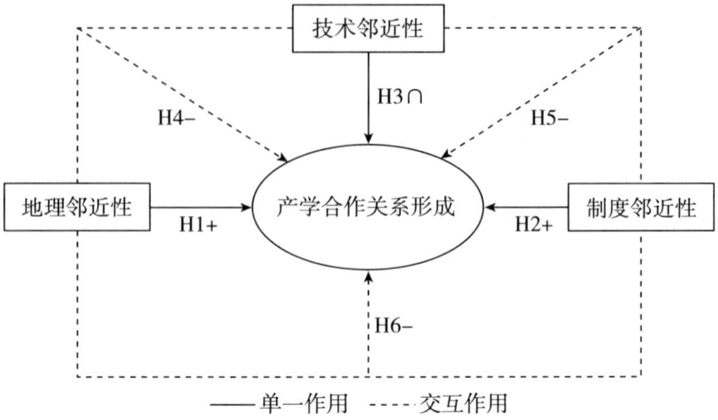

图 5-1 理论分析框架

第三节 研究设计

一、样本与数据

本章因变量数据来源为北京、天津、河北三省市 2000~2016 年在国家知识产权局申请并授权的发明专利，将其作为分析变量。发明专利通常技术含量更高，比外观设计和实用新型专利更具有创新性，作为创新研究变量更具有代表性。自变量及控制变量数据分别从企业和高校网站或网络相关公开披露的数据获得。

大学专利数据本章选择了具有“大学”或“学院”关键词，企业专利数据选择了具有“公司”“企业”“集团”“厂”关键词，并根据关键词两两进行组合，构成企业与大学联合申请专利数据库。对筛选过后的专利数据进行统计分析后发现，高校投资的衍生企业申请专利数量较多，如北大方正集团公司、清华紫光和清华同方集团等，为了更好地研究大学和企业的合作情况，去除了这些衍生企业数据。最后选取了 28 所高校和 980 个企业的联合申请专利数据作为研究样本，如果一条专利数据库包含两个以上产学合作单位共同申请专利的情况，将按照不同产学组织进行两两拆分，每个组合计作一次共同申请（即一次合作），来构成跨区域专利合作数据库，最终收集样本观察数为 2877 个。

二、匹配样本设计

对产学协同创新合作关系形成的估计，一般情况下，可以用 Logistic 回归来进行分析，但是，由于样本数据仅仅是实现产学合作双方共同申请的样本，产学合作联合申请专利占高校申请专利平均在 1.01%左右，如图 5-2 所示，潜在的没有实现的样本数量非常巨大。显然，将所有样本进行回归是不现实的，而且如果对所有潜在的没有实现的样本进行 Logistic 回归，则大学和企业将会被重复地进行回归分析，则违背了独立性假设的条件限制，会导致估计偏差。因此，本章将全部样本压缩成已经实现合作的样本和一个没有实现合作的控制组（Sorenson & Stuart，2001）。具体的匹配过程是，首先将真实合作的样本中每一个企业都随机匹配一个没有实际产生合作关系的大学，按照 1：1 进行数据配伍，形成一个与真实合作样本数量一致的控制样本，其次将实现真实合作的样本和没有实现合作的匹配控制样本一起进行回归分析。

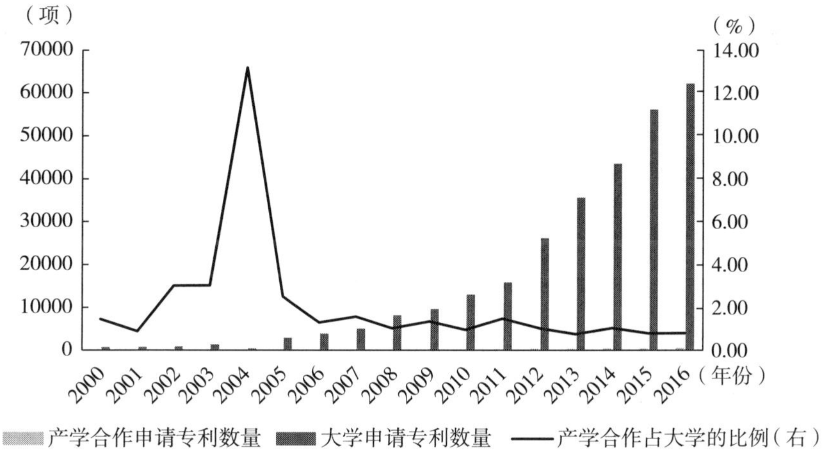

图 5-2　产学合作专利占大学总申请的比例

果属于该企业类型，则赋值为“1”，否则为“0”。

第五节　实证结果分析

一、描述性统计

表 5-1 是变量及描述性统计结果。表 5-2 为自变量相关矩阵，从表中可以看出，除了国有企业和私营企业相关系数较大以外，其他变量之间的相关系数都比较小，符合要求。国有企业和私营企业相关系数较大，主要原因是国有企业和私营企业样本数据量基本相当所致，由于本章采用配伍设计，样本数据国有企业为 2594 个，私营企业为 2929 个。在考察变量交互作用时，本章对交互项变量进行了中心化处理，样本统计 VIF 都小于 5，平均值为 1.68，不需考虑多重共线性问题。

表 5-1　变量及描述性统计

变量	样本数量	平均值	标准差	最小值	最大值
地理邻近性	5774	0.302	0.435	0.00174	1
技术邻近性	5774	0.0765	0.108	0.00008	0.696
制度邻近性	5774	10.01	2.26	4.309	12.51
大学实力	5774	53.75	26.26	20	100
企业年龄	5774	2.942	1.184	1	5
企业规模	5774	2.503	1.056	1	4
国有企业	5774	0.432	0.495	0	1
私营企业	5774	0.507	0.5	0	1
外资企业	5774	0.061	0.239	0	1

表 5-2　相关系数矩阵

变量	地理邻近性	技术邻近性	制度邻近性	大学实力	企业年龄	企业规模	国有企业	私营企业	外资企业
地理邻近性	1								
技术邻近性	0.122***	1							
制度邻近性	0.350***	0.119***	1						
大学实力	0.376***	−0.036***	0.309***	1					
企业年龄	−0.156***	0.057***	0.083***	−0.083***	1				
企业规模	−0.233***	0.078***	−0.079***	−0.083***	0.437***	1			
国有企业	−0.128***	0.057***	0.065***	−0.074***	0.447***	0.498***	1		
私营企业	0.092***	−0.056***	−0.026**	0.030**	−0.399***	−0.460***	−0.884***	1	
外资企业	0.074***	−0.002	−0.079***	0.090***	−0.092***	−0.071***	−0.222***	−0.259***	1

注：***、**、*分别表示在0.001、0.01和0.05显著水平下显著。

表 5-3　稀有事件回归结果

变量	产学合作关系						
	模型 1	模型 2	模型 3	模型 4	模型 5	模型 6	模型 7
大学实力	0.0300*** (26.83)	0.0249*** (19.89)	0.0250*** (19.61)	0.0249*** (19.65)	0.0246*** (19.40)	0.0252*** (20.08)	0.0238*** (17.90)
企业年龄	0.0302 (1.11)	0.0109 (0.38)	0.0110 (0.38)	0.00146 (0.05)	0.00789 (0.27)	0.0194 (0.67)	0.0227 (0.77)
企业规模	0.0401 (1.27)	0.112** (3.27)	0.105** (3.08)	0.115*** (3.36)	0.117*** (3.41)	0.0953** (2.77)	0.102** (2.91)
国有企业	0.0258 (0.37)	-0.102 (-1.39)	-0.118 (-1.58)	-0.134 (-1.81)	-0.115 (-1.55)	-0.0805 (-1.09)	-0.156* (-2.04)
外资企业	-0.301** (-2.78)	-0.307* (-2.49)	-0.268* (-2.19)	-0.334** (-2.64)	-0.298* (-2.37)	-0.402** (-3.11)	-0.416** (-3.09)
地理邻近性		0.833*** (9.91)	0.845*** (9.98)	0.776*** (9.39)	0.832*** (9.94)	1.073*** (11.67)	1.098*** (11.43)
制度邻近性		0.107*** (7.73)	0.105*** (7.51)	0.107*** (7.56)	0.100*** (7.00)	0.0671*** (4.19)	0.0609*** (3.62)
技术邻近性		6.687*** (12.73)	8.341*** (15.68)	7.208*** (15.52)	7.034*** (14.14)	6.753*** (12.85)	8.165*** (15.04)
技术邻近性平方项			-8.256*** (-6.89)				-6.861*** (-4.33)
地理邻近性×技术邻近性				-6.422*** (-7.97)			-3.214** (-3.11)
制度邻近性×技术邻近性					-0.901*** (-4.02)		-0.555** (-2.65)
地理邻近性×制度邻近性						-0.279*** (-6.51)	-0.215*** (-4.76)
技术邻近性×大学实力							-0.0563** (-2.58)
地理邻近性×大学实力							-0.00195 (-0.65)
制度邻近性×大学实力							-0.00366*** (-6.36)
截距项	-1.777*** (-15.90)	-3.379*** (-20.35)	-3.398*** (-20.30)	-3.354*** (-19.91)	-3.306*** (-19.27)	-2.970*** (-16.01)	-2.856*** (-14.65)
N	5774	5774	5774	5774	5774	5774	5774

注：***、**、*分别表示在 0.001、0.01 和 0.05 显著水平下显著。

二、回归结果分析

表 5-3 给出了稀有事件回归分析结果。

（1）模型 1 是所有控制变量回归分析的结果。

大学实力的系数均为正，表明大学综合实力越强，与公司合作的可能性就越大，这与现实情况相吻合。企业规模变量系数为正且显著，说明规模大的企业对参与产学协同创新合作的意愿更加强烈，这个结果与以前的实证研究结果和现实比较一致。企业年龄的系数均为正数且不显著，这个结果显示，企业成立时间早对产学合作关系形成有积极影响，但不是主要影响因素。企业的类型都显著，说明企业类型是产学合作关系的主要因素，主要原因是国内企业与大学合作较多，外资企业或合资企业与大学合作的较少。

（2）模型 2 是地理邻近性、制度邻近性、技术邻近性和所有控制变量回归分析的结果。

地理邻近性、制度邻近性和技术邻近性的系数均为正且显著（$p<0.001$），表明地理邻近性、制度邻近性和技术邻近性是影响产学合作关系的重要因素。地理距离越远，企业和大学合作的可能性越小，即地理邻近性越小，企业和大学合作的可能性越小，假设 H1 得到验证。这与之前国外较多研究得出的结论一致。尽管现代信息通信技术和现代交通基础设施发展迅速，但至少在中国，距离仍然是阻碍产业与大学协同创新的因素。在经济发达、市场化程度较高的地区，创新资金、研发人员、技术专利等创新要素资源流动更加畅通，企业创新的积极性和主动性高，企业在技术创新体系中扮演着更加重要的角色。而且研究还发现，位于同一城市的企业和大学更愿意合作创新。这与假设 H2 一致。

（3）模型 3 加入了技术邻近平方项，用以检验技术邻近对产学合作关系的倒 U 形影响。

技术邻近性的一次项系数为正，技术邻近平方项的系数为负，且在 0.1%水平上两者均显著（$p<0.001$），这说明技术邻近性对企业与大学协同创新合作关系的形成存在倒 U 形影响，假设 H3 得以验证。大学和企业之间

的合作需要从对方识别和吸取新知识，需要有较强的技术邻近性，才能沟通交流和理解新知识。但是如果双方技术邻近性太小，大学和企业就不能充分互相沟通了解，合作的可能性就会降低。随着技术邻近性程度的提高，他们更倾向于合作，但技术接近是有限度的，如果技术邻近性很大，创新主体间的知识互补性太小，就没有合作的热情，将很难进行共同合作创新，这就是所谓的倒 U 形效应。技术邻近性与产学协同创新关系形成所呈现的倒 U 形效应如图 5-3 所示，图中列示了技术邻近性最小值、最大值和拐点时对应的产学协同创新合作关系的期望值。该期望值的计算方法为：首先，根据表 5-3 中 Model3 回归出来的系数，通过计算可得倒 U 形顶点所对应的技术邻近性的值为 0.5051①。其次，对技术邻近性在最小值、最大值和拐点时点所对应的产学协同创新合作关系的期望进行计算，分别得出对应的期望值。为了计算此期望值，本章基于表 5-3 模型 3 中得出的估计值，对所有的独立变量和控制变量进行评估。对于 Logit 模型，假定大学企业共同申请发明专利的期望值为 $e^{\beta' X}$，其中 X 代表独立和控制变量的向量，β 代表来自所有变量的参数估计值（Cameron & Trivedi，1986）。在计算出这个数值后，就可以得到从最低值（0.0001，2.40）到最高值（0.696，4.56）所有的技术邻近性对应的期望值。

从图 5-3 中可以清楚地看出，在（0.0001，0.5051）区间内，技术邻近性对产学合作的形成起到积极正向显著影响，但是边际效应在下降；在（0.5051，0.6960）区间内，技术邻近性对产学合作关系的形成起到了负向影响，且边际效应呈递减趋势。也就是说，在（0.0001，0.5051）区域内，技术邻近性增加会促进合作创新倾向，但是超过某个适度的点（0.5051）后，即在（0.5051，0.6960）区间内，随着技术邻近性程度的增加，产学双方合作创新倾向反而降低。

（4）模型 4 主要考察技术邻近性与地理邻近性的交互作用。

回归结果表明，地理邻近性和技术邻近性的乘积项系数是负的，且在

① 为了计算这个数值，本章基于表 5-3 模型 3 中得出的估计值，对技术邻近性求一阶偏导数，则拐点对应的技术邻近性=技术邻近性一次项的系数/(2×技术邻近性二次项的系数)。

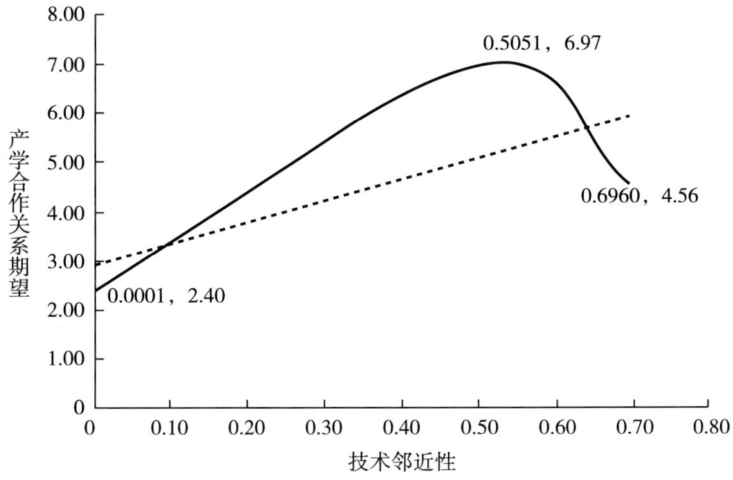

图 5-3　技术邻近性对产学合作期望的影响

0.1%水平上显著（$p<0.001$），这证实了技术邻近性和地理邻近性在协作机制上有替代或互补作用，如图 5-4 所示。大学和企业之间的创新合作绩效主要看双方的知识吸收能力，能够进行两种截然不同的知识体系的整合是关键。如果技术邻近性太低，知识将很难吸收，创新产出就会减少，但是，如果知识太过于密切，冗余和缺乏学习机会也可能会减少创新产出。通过地理邻近，可以帮助大学科研成果的转化和产业化，可以帮助企业实现有效的创新人才、创新技术、研究设备等创新资源聚集，增加企业与大学进行交互式学习的机会，便于企业能够进行大规模的创新投入/产出，从而减缓技术邻近性的负面作用。这与假设 H4 一致。

（5）模型 5 主要考察技术邻近性和制度邻近性的交互作用。

回归结果表明，制度邻近性与技术邻近性的乘积项系数为负，且在 0.1%水平上显著（$p<0.001$），这证实了制度邻近性和技术邻近性的交互作用对产学合作关系形成具有负向影响，如图 5-5 所示。组织所在地的制度邻近性高，企业和个人具有共同的社会和文化基础，更容易产生信任和理解，可以降低转换知识和信息的成本。制度邻近度高可以提高组织间交流的速度，减少协调成本和努力，促进知识更深入的组合和调整，可以更密

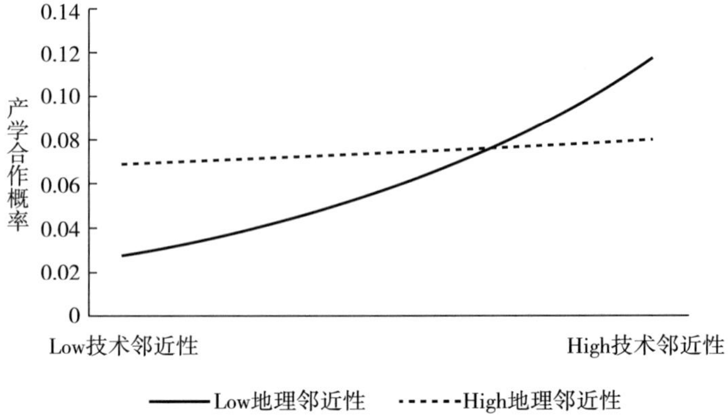

图 5-4　地理邻近性与技术邻近性的交互作用

切地合作，促进知识的交互式学习，实现更多的专业收益回报。因此制度邻近性和技术邻近性的交互作用，可以缓和技术邻近性的负面影响。这与假设 H5 一致。

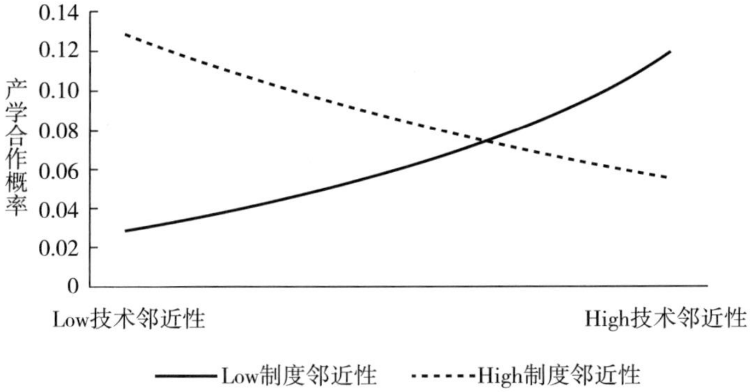

图 5-5　制度邻近性与技术邻近性的交互作用

（6）模型 6 主要检验制度邻近性和地理邻近性的交互作用。

回归结果表明，制度邻近性与地理邻近性的乘积项系数为负，且在 0.1%水平上显著（p<0.001），这证实了制度邻近性和地理邻近性的交互作用对产学合作关系的形成具有负向影响，如图 5-6 所示。制度邻近性可以促进创新组织间信息和知识的传递与交换，有利于创新主体之间的相互信

任与理解，对外部学习过程有积极影响。但是，太多的制度接近会对学习和创新产生负面影响，会加大组织内部和组织间创新网络的路径依赖性，存在被锁定在特定交换关系、封闭发展的风险。如果制度接近程度太低，又可能出现机会主义风险。制度邻近性与地理邻近具有互补性，随着地理邻近性的增加，可以实现京津冀区域一体化发展，就会弱化制度邻近性的负面作用。假设 H6 得到验证。

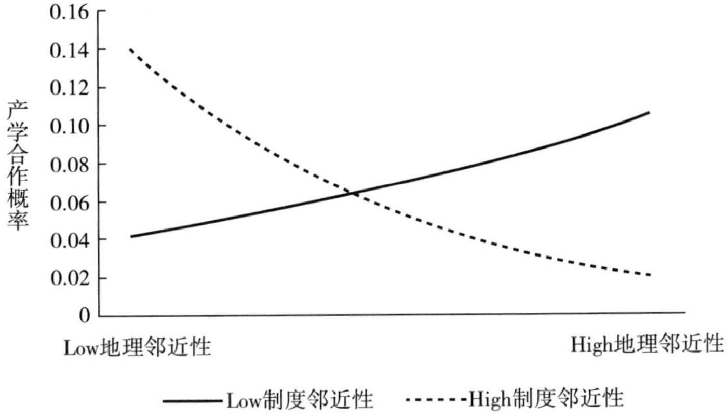

图 5-6　制度邻近性与地理邻近性的交互作用

（7）模型 7 主要考察大学实力对产学合作关系的影响。

回归结果表明，大学实力系数为正，且均在 0.1%水平上显著（p<0.001），说明大学实力是促成产学合作关系形成的重要因素。大学实力与制度邻近性的交互项为正，且在 0.1%水平上显著（p<0.001），说明制度邻近性对大学综合实力有积极促进作用。大学实力与地理邻近性的交互项为负，且在显著（p<0.001），表明在距离相同的情况下，企业会选择综合实力强的大学进行合作，说明大学综合实力对地理邻近性有替代作用。

综合以上分析结果，我们可以得出以下结论：①地理邻近性、制度邻近性和技术邻近性是京津冀产学协同创新合作关系形成的重要影响因素。②地理邻近性和制度邻近性对跨区域技术创新合作关系的形成具有显著正向作用。技术邻近性对跨区域协同创新合作关系的形成存在倒 U 形影响，且位于同一区域的产业与大学开展技术创新合作更加普遍。③地理邻近性与技术邻近性的交互作用会对产学协同创新关系的形成具有显著负向影响。也就是说，当大学和企业地理邻近性较小（即地理距离较远）时，技术邻近性对产业与大学协同创新合作形成的倒U形关系会得到显著的强化。④制度邻近性与技术邻近性的交互作用对产学协同创新合作关系的形成具有显著负向影响。⑤制度邻近性与地理邻近性的交互作用对产学协同创新合作关系的形成具有显著负向影响。⑥大学综合实力仍是跨区域协同创新合作的重要因素，对跨区域协同创新合作关系的形成具有显著正向作用。提高大学的综合实力可以克服较大距离因素的制约，促进跨地区协同创新合作关系的达成。

本章小结

产学协同创新作为创新资源配置最重要的方式，区域间组织的多维邻近性是影响产学协同创新合作关系的重要因素。本章基于多维邻近性视角，对技术邻近性、制度邻近性和地理邻近性对跨区域产学协同创新合作关系形成的影响机理进行了分析，提出了多维邻近性对跨区域协同创新合作关系形成的理论分析框架和研究假设。基于中国国家知识产权局 2000~2016 年京津冀三地 28 所高校和 980 家企业产学共同合作申请的专利数据，采用 1∶1 数据配伍设计，运用 Stata 进行稀有事件回归（Rare Events Logistic）实证分析。研究结果表明：①地理邻近性、制度邻近性和技术邻近性是京津冀产学协同创新合作关系形成的重要影响因素。②地理邻近性和制度邻近性对跨区域技术创新合作关系的形成具有显著正向作用。技术邻近性对跨区域协同创新合作关系的形成存在倒U形影响，且位于同一区域的产业与大学开展技术创新合作更加普遍。③地理邻近性与技术邻近性的交互作用会对产学协同创新关系的形成具有显著负向影响。也就是说，当大学和企业地理邻近性较小（即地理距离较远）时，技术邻近性对产业与大学协同创新合作形成的倒U形关系会得到显著的强化。④制度邻近性与技术邻近性的交互作用对产学协同创新合作关系的形成具有显著负向影响。⑤制度邻近性与地理邻近性的交互作用对产学协同创新合作关系的形成具有显著负向影响。⑥大学综合实力仍是跨区域协同创新合作的重要因素，对跨区域协同创新合作关系的形成具有显著正向作用。提高大学的综合实力可以克服较大距离因素的制约，促进跨地区协同创新合作关系的达成。

第六章

京津冀创新资源配置机制研究

第一节 引 言

创新是企业持续发展的不竭动力，同时也是驱动一个国家或地区经济发展的动力源泉。要想获得更多的创新产出，就必须加大对创新要素资源的投入与配置管理。关于创新要素的内涵，目前无论是学术界还是实践界都未形成统一认识。根据本书第二章的概念界定，认为创新要素主要包括人才要素、资本要素、技术要素、知识要素和物力要素（科学仪器设备）等。作为支撑创新的投入的创新要素与生产要素有很大区别，对传统的生产要素来说，劳动和资本之间具有互相替代性，也就是说，可以通过调整劳动和资本的投入比率来达到获得相同产出的目的；而对于创新要素而言，具有不可替代性，如果缺失核心技术和科技人才，将无法通过投入其他创新要素来进行弥补。另外，即使投入等量的创新因素和生产要素，获得的经济效益也可能不相同。

创新要素流动主要是由于各区域经济发展阶段不同，对创新要素的需求量存在差异而致（梁琦和黄利春，2014）。国内关于创新要素流动的研究主要分为流动机理和流动动因两方面。在创新要素流动机理方面，主要从创新要素流动模型、地区发展水平、组织专业化和多样化程度等不同角度进行了研究（Paci & Usai，1999；Hung et al.，2007；Marinelli，2013；Vence-Deza & González-López，2008；Fan et al.，2014；Foster，2015；那军，2008）。从创新要素流动动因方面，主要从知识溢出效应、政府政策、要素边际收入、资本收益水平、地区声誉等不同角度进行了研究（Magnani，2009；Battke & Schmidt，2016；Delisle & Shearmur，2010；陈东和樊杰，2011；Harvey &

Groutsis, 2015)。以上研究比较偏重理论研究，对空间外溢效应方面关注不够，对创新要素在产业和空间配置方面的研究不够深入。

产业转移是有序疏解北京非首都功能的关键支撑手段，也是推动京津冀协同发展的实体内容之一。产业转移是推动一个地区产业结构、产业空间分布和产业优化升级的重要手段（马子红、于千千和胡洪斌，2010）。国内外很多学者对产业空间转移进行了研究，比较有代表性的理论有：韦伯（1997）和克鲁格曼（2000）基于集聚的产业转移理论；弗农（1978）基于产品生命周期的理论；赤松要（1956）基于比较优势的产业转移理论；小岛清（2000）的雁行模式理论；邓宁（1973）的国际生产折中理论；孙浩进（2011）基于劳动力流动产业转移理论。我国学者李晓西（2009）指出，企业是产业转移的主体，要发挥市场创新资源配置的决定作用；政府是产业调控主体，要发挥政府制定产业政策和宏观调控的作用。国内外学者对产业转移动因的理论解释基本上都是采用主流经济学分析范式或政府政策的现实分析模式。虽然选取的代表变量、主要影响因素各不同，但它们都是按新古典分析框架，假设在规模报酬不变和完全竞争市场结构的条件下，仍然没有摆脱“比较优势”理论的束缚，认为产业转移的根本动因是区域间存在优势的差异。产业转移是产业发展的必然规律，产业转移的实质是生产力的空间转移。产业为什么转移？转移到什么地区？转移后是否能融入承接地？等等。这些都是产业转移必须要考虑的问题。创新资源配置机制是指对创新资源使用的数量、规模、结构、布局等方面的经济调节机制，创新资源配置是一种系统的创新要素流动与集聚过程，因此，探索创新要素流动对产业转移的影响机制是创新资源空间配置重点研究的内容。

当前，京津冀地区正处于转型升级的关键阶段，迫切需要不断优化空间结构和协调发展。需要培育创新资源配置效率更高、支撑功能更强的产业空间载体。但是，各地区产业梯度落差过大，企业创新能力较弱，市场化创新合作程度比较低，创新资源流动存在障碍，整体创新效率有待提升。创新能力的建设需要资金、技术和人才等创新要素资源的整合与积累。只有将创新要素、创新环境和创新制度结合起来，进行有机配置和组合，才能形成高效的区域创新网络，提升本地的创新能力。资源配置既包含生产的自然属性，也包含生产的社会属性。创新资源配置既要发挥市场在资源配置中的决定性作用，又要更好地发挥政府作用。因此，采用空间政治经济学的理论与方法，分析创新资源的集聚与扩散对产业转移的影响，剖析创新要素、产业和空间结构的耦合机理，为制定要素流动和集聚政策提供一个理论视角，为京津冀形成合理产业空间布局和创新资源优化配置的发展格局提供理论支撑。

第二节 创新资源集聚与扩散机制分析

海默（1960）提出的垄断优势理论和邓宁（1977）的生产折中理论指出，创新资源的流动是基于企业的垄断优势、技术优势或区位优势，创新资源流动会导致产业集聚和产业转移，其现实的空间表现形式就是产业集聚与产业转移。创新要素的自由流动有效地促进了资源配置有效性，也有效促进了区域一体化进程（唐运舒、冯南平、高登榜和杨善林，2014）。产业转移是指特定的企业在空间上的位置移动，而当大量企业迁移呈现规模效应时，就形成了产业转移，从而带动创新要素的流动，其中，资本流动、人才流动和技术转移对于产业转移的作用尤为重要。资本转移反映了投资方对成本、收益等因素的综合考量，其流向往往决定产业转移的方向；人才流动往往反映地区资源禀赋和政策优势；技术转移的程度反映了企业对承接地区的投资信心与重视程度。产业集聚是指要素在某特定地理空间范围内不断汇聚，同一产业的企业持续集中的过程。区域通过合理分工和协作进行产业集聚可以使该地区获得外部规模经济，从而降低产业风险和交易成本，加快创新并吸引投资。空间结构是产业构成要素在空间的分布形态，是该产业空间组织地位及其区位关系的综合反映。随着产业体系的逐步发展完善，产业空间结构会呈现相应的特征与匹配模式。产业集聚和产业转移的相互作用可促进产业升级与重组，产业升级优化会影响产业结构关系。产业结构关系决定了空间结构的功能和性质，促进空间结构的演进（黄利春，2017）。

安虎森（2009）指出，产业空间转移存在聚集力和分散力两类力量。聚集力是由于市场接近而带来的优势，不仅是导致区域分化的力量，而且是引起产业向某一区域聚集的力量。这聚集力又包括本地市场效应与价格指数效应两种力量。本地市场效应（后向联系）指的是产业集聚的变化会引起相对市场规模的同向变化，导致产业的进一步集中。价格指数效应（前向联系）是指产业集聚会引起本区域相对价格指数降低，若在名义收入水平不变的情况下，则意味着实际收入增加，居民生活福利效应增强，使该地区更有吸引力。分散力是促进产业扩散的力量，主要受市场竞争影响，在产业集聚度高的地区，一般企业间的竞争程度加大，从而降低企业的利润，将促使产业在空间上均匀分布。王莉（2005）认为产业转移与产业集聚存在相互作用，当产业集聚超过一定合理规模时，一些落后产业将自动转移出去（胡汉辉、赵红英和陈金丹，2013）。研发和创新是产业集聚形成和发展的主要动力，包括非正式的知识交流与共享、技术外溢、创新资金及人才的引进和支持技术开发的配套能力等具体形式（Miguélez & Moreno，2015；解学梅，2013）。然而，以知识增值为中心的各种活动容易导致衍生企业的出现，如一些科技型中小企业，为了生存和发展，往往不断寻求大公司忽视的技术和市场机会，来提高和完善自己的技术产品或服务（Clarysse，Wright & Velde，2011）。根据集聚经济理论，外部创新资源的整合可以通过对外部创新资源的获取来提升企业的创新能力，加快企业的持续发展（Phelps，2008）。随着产业和市场分工越来越明确，基于价值链分工的产业转移越来越普遍，需要对众多价值链的众多环节和要素进行有效整合。

创新要素集聚与扩散是创新资源空间配置的主要模式。创新要素流动会影响产业和空间结构的变动，从而促进产业的形成与演化。在创新要素充分自由流动的情况下，创新要素由于循环累积因果效应促进产业集聚，加速区域经济发展。经济发达地区对创新要素的吸引力更大，更容易诱导创新要素流动，产生市场规模效应，引起产业出现更大收益递增并导致产业集聚，从而形成产业区位（梁琦，2010）。创新要素持续向中心城市集聚，城市规模将会继续扩张，创新要素流出地慢慢发展成为“外围地区”。创新要素集聚具有经济外部性，是形成区域性创新网络的第一步。由于受户籍、土地等政策的约束限制，创新要素集聚过多将会发生拥塞效应，必须通过产业转移来进行产业空间结构重组。一些落后的外围地区会通过承接产业转移的创新要素，长期累积就发展形成新的产业集聚中心城市，这时，整个区域就会出现多个中心城市。创新要素具有资源空间配置效应，创新资源的流动必然会伴随着产业的集聚或转移，产业集聚与产业转移互相作用、相互影响，就会逐步形成“多中心—外围”的区域空间结构布局。创新要素流动对产业空间结构的影响如图 6-1 所示。

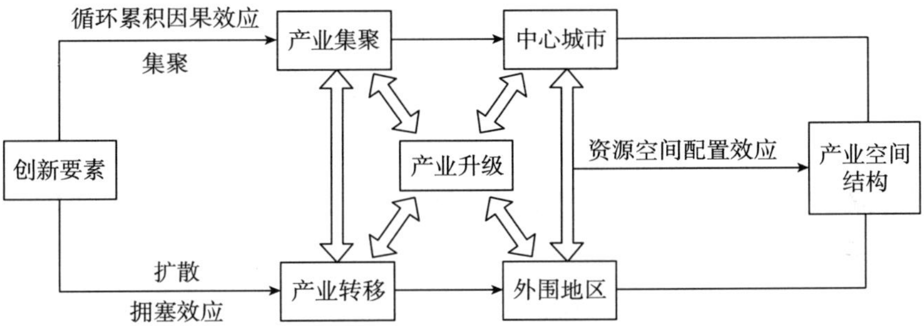

图 6-1 创新要素流动对产业空间结构的影响机制

一、创新资源循环累积因果效应

缪尔达尔（1957）指出，在一个复杂变化的社会经济因素中，各经济因素之间时时刻刻都存在循环累积因果关系，某一个因素的变化必然会导致另一个因素的变化，同时，后一个因素的变化又会强化前一个因素的变化，最终会沿着第一个因素变化的方向发展，从而形成累积性循环。这种经济循环累积效应主要有两种：一种是回流效应；另一种是扩散效应。回流效应通常是指那些落后地区的创新资金、人才等要素向发达地区流动，导致落后地区会出现创新要素不足，发展迟滞；而扩散效应主要是指发达地区的创新要素向欠发达地区流动，从而带动落后地区的经济发展。因此，循环累积因果理论认为，经济发展有初始优势的地区比其他区域会超前发展，通过循环累积因果效应，有利因素会继续优先发展，最终会导致增长区域和滞后区域产生空间梯度。创新要素集聚的循环累积因果效应主要受生产分工和地理分工影响。

（一）生产分工

亚当·斯密（1776）指出，劳动专业化分工能大大提高生产效率，促进经济发展，但劳动分工往往受市场广狭所限。产业会随着生产分工的专业化和精细化程度的加深而不断地完善发展。产业分工驱动产业结构演变，而产业结构演变也会影响产业的专业化分工，两者相互作用、相互影响，推动了产业体系的形成与发展。创新要素集聚可产生本地市场效应，帮助企业降低生产成本，提高竞争力，并通过知识溢出促进技术创新扩散，推动产业分工更加专业化，从而实现分工与专业化之间的循环累积效应。

创新要素集聚是产业分工的空间组织形态。随着产业分工的逐步精细化和专业化，各地区需根据自身资源和区位优势，通过国际与区际贸易扩大产能，形成自己特色的地域产业分工体系。由于距离等因素的制约会影响创新要素的扩散，导致区域经济差异化加大。深化专业化分工有助于抵消分散力，促进产业集聚，加速产业空间重组。

随着科学技术的快速发展，产品技术结构越来越复杂，产品的技术含量越来越高，生产工艺高度复杂化，产业价值链不断延伸，产品生命周期越来越短，产业价值链上创新活动越来越多，需要在全球范围内配置各类资源。企业不再是一味追求从产品设计、研发、营销及售后服务全价值链的生产，而是通过委托外包等方式来完成产品的某些生产环节，利用社会分工加速价值链的分解，产品内社会分工应运而生。通过价值链的不断分解，一些专业性强、竞争优势明显的增值环节就有可能出现新的市场机会，从而发展成一个新的产业，推动产业结构转型与升级。Duranton 和 Puga（2005）研究发现，城市结构由部门分工转向功能专业化分工，产业转移的价值链环节呈现分离特性，这种转变主要是由于管理成本的下降和产业结构的均衡变化所致。部门专业化主要表现为企业总部和工厂在一起；功能专业化主要表现为企业总部和相关的商业配套服务在大城市集聚，而生产工厂则主要在小城市集中。换句话说，产业转移呈现出总部与生产环节相向分离的特点，价值链的高端环节向大城市（发达地区）转移，这些地区政府效率高、对外联系密切、信息发达且人力资源充裕；而价值链的低端环节向中小城市（欠发达地区）转移，这些地区地价、工资、租金相对便宜。

可见，创新要素通过学习效应、规模经济等方式提高产业集聚，从而促进生产分工的专业化和精细化，产业分工从产业间分工、产业内部分工、产品间分工、产品内分工发展到产品内工艺工序上的分工（即工序的专业化）。

（二）地域分工

创新要素就像生产要素一样具有逐利性，总是从价格低的地区流向价格高的地区。创新要素集聚能够产生规模经济效应，会使不同地区的市场规模产生较大变化，通过地域的合理分工，赋予产业空间发展新的内涵。在知识溢出、厚市场与关联效应等外部经济作用下，创新要素流动能扩大地区的初始禀赋差距，引起产业集聚。随着要素集聚的变化，会呈现“集聚—分散—再集聚”的现象。围绕产业区位生命周期链条，各类产业将会不断调整，形成新的产业空间结构。

由以上讨论可知，要素集聚促进生产分工，通过生产分工与合作，促进区域产业集聚与转移，从而形成各类产业区位。生产分工与产业结构互相演变及作用，带动产业体系的形成与演进。要素集聚是资源空间配置的基本模式，产业空间结构是创新要素资源空间配置的综合反映，也是各类产业空间区位的有机组合。只有产业价值与空间价值相匹配，两者的耦合才会提升经济发展的质量。因此，只有深化分工与合作，促进创新要素有序合理适度集聚，才能优化产业空间布局，构建合理的现代产业体系。

二、创新资源拥塞效应

拥塞效应是指在某一地区创新要素集聚达到一定规模程度，由于投入过多造成基础设施不足、交通拥挤、要素价格上涨、环境污染等问题，致使企业利润下降的经济现象。创新要素集聚会产生外部性收益，导致市场规模报酬递增，从而产生集聚租金①。经济发达的地区更容易吸纳创新要素资源，更容易形成空间集聚，从而影响改变区域的市场规模（梁琦，2009）。通常情况下，经济发达地区由于存在本地市场效应，市场规模大，更容易形成产业集聚。对两个发展水平相似的区域，循环累积因果效应也可能会导致它们发生很大的差异，从而形成新的产业区位，但有时也会受到土地、户籍这些不可流动要素的限制和约束，致使区域最终保持在一个适度规模水平。任何一个区域经济发展都有一个阈值，当要素过度集聚时，就出现土地价格上涨、环境污染、交通拥堵、成本过高等拥塞效应。这时，要素集聚将产生负外部性，集聚中心城市就必须转变经济增长方式，进行产业结构的转型升级；而外围区的小城市则可通过承接中心城市转移的产业来实现跨越式发展。胡佛（1948）认为，一个地区的产业集聚必须保持一个适度集聚阈值。如果集聚企业少，则不能发挥规模最佳集聚效应；若集聚企业太多，则可能出现拥塞效应，导致配置效率降低。因此，只有适度集聚才会为该区域带来最大福利效应。但是，企业在创新要素资源配置时，由于各种创新要素的流动性不同，而且受到特定产业和特定区域多重资源约束，难免存在一些违背利润最大化、成本最小化配置组合现象。

国内外很多学者对产业转移机制的理论解释进行了研究，主要有要素累积驱动、要素迁移和产业垂直关联三大模型（丁建军，2011）。其中，要素累积驱动模型主要是从资本形成角度进行分析，产业转移是区域间市场份额此消彼长的过程，资本收益率高和知识资本溢出强的区域获取的份额

① 集聚租金是指由于集聚经济而产生的外部性收益，表现为集聚区企业相对于非集聚区企业具有更高的利润率或资本收益率。

更大。区域要素迁移模型主要是说，产业的转移是由资本、人力、技术等创新要素的大规模迁移所引起的。产业垂直关联模型则认为，产业存在前、后向联系才发生产业转移。随着运输成本的不断下降和产品需求的持续增长，核心城市和外围地区的收入差距会继续扩大，必然会发生产业的空间转移。

三、创新资源空间配置效应

创新资源空间配置是着眼于区域空间之间的经济与权益的联系，在不同地区空间上统一规划实施并满足不同地域空间权益主体需求的一种资源利用模式。梁琦（2004）指出，当市场环境出现变化时，产业并不立即发生转移，而是当这些因素不断积累达到某一阈值（突破点）后，才会发生产业转移，而且一旦转移将会较长时间地锁定在某个区域。然而，拥塞效应将会促使产业进行转移，形成新的集聚中心。创新要素的集聚必然会导致产业集聚或产业转移，从而推动产业空间布局由单一中心模式向多中心模式发展。

克鲁格曼（1991）认为，在外部经济作用下，中心城市存在较强的本地市场效应和价格指数效应，规模报酬会递增，要素吸引力会更强，更容易形成“中心—外围”的产业空间结构。一个区域如果工业制造能力强，且专业化程度高，不需要太多的工人，则产业聚集力大于分散力，所有工业品将集中在一个城市生产，就会表现为单一中心的产业空间结构；如果工业产品很容易被替代，市场竞争激烈，由于运输成本的存在，外围城市的市场潜力可能更大，企业就有动力去外围地区建立工厂。这样就会打破单一中心城市结构，出现多中心城市结构。在集聚力和分散力相互作用下，市场潜力大、购买力高的区域产业集聚迅速且规模扩大，循环累积就形成了“中心—外围”的圈层结构。假设一个地区存在农民和制造业工人两种劳动力，如果农民不可流动，那么生产工人将迁移到实际工资收入较高的地区。陆铭（2017）认为，随着要素集聚的演变，集聚效应可能在一个地区的早期阶段占主导地位，使地区差距扩大，随着扩散效应的增强，各地区梯度的增速将放缓，最终会趋向区域平衡。因此，区域在规划产业体系时要综合考虑区域历史文化、空间结构、经济发展特征和创新要素状况的不同和实际需求。不同区域因产业经济规模和服务市场范围的不同，致使各区域市场潜力和购买力也不同。

空间经济结构是经济发展的综合反映。陆大道（1988）指出，对于任何一个经济体来说，都没有固定不变的空间结构，在经济发展的不同阶段都会有一些偏离，从而诱导创新要素的流动，驱动创新资源空间重构及再配置，促进产业空间地理的演进。

第三节　产业转移的空间政治经济学数理分析

空间政治经济学突破了“政治经济学”的“时间—部门”维度，增加了“空间”维度，更关注城市空间发展和资源集聚对经济增长的意义。同时，它又比“空间经济学”更加强调产业主体之间的生产关系，更加关注政治因素所引致的资源误配与空间无效率。空间政治经济学理论认为，空间既是生产要素，也是一种社会经济环境的演化关系。在产业转移理论分析过程中，空间内生化主要是指空间主体之间的生产关系、经济关系的变迁（孙浩进，2014）。从经济演化的视阈看，可以做这样的一个隐喻，创新要素是“生产资料”，产业是“生产力”，城市空间是“生产关系”。要素、产业和空间之间的经济关系包括经济环境下的博弈关系，如创新要素集聚与分散、产业间的竞争与合作、产业转移后的区域融入等关系，它们之间的关系是否和谐与协调将直接决定产业能否更好地适应该地区经济环境。在产业转移的过程中，如果产业能很好地适应该地区的市场环境，市场环境适应度高，则产业就会扩张。从传统经济关系来看，这种市场环境包含要素市场和产品市场两类，要素市场会影响企业成本，产品供求状况会影响企业利润。从经济演化的角度来看，产业之间的竞争与合作关系就像生物与自然适应一样，必须与所在的市场环境协调共生，要具有高度的适应性。如果市场环境有利于个体企业的成长，就会吸引更多的企业加入，形成企业集群，从而发展成一个新的产业。但是，任何一个市场区域都是有限的，企业也不可能无限制地扩张，因此，新增企业为了避免激烈的资源竞争，将寻求新的生存和发展空间，逐步向周边或其他适应度高的地区转移，产业进行空间区位转移时，对新市场的适应也会促进产业的转型升级。不同的地区由于受当地经济发展状况、历史文化、风俗习惯不同的影响，需求差异巨大，也可能由于初始要素禀赋条件的不同影响创新要素的供给，致使区域需求供给不匹配，从而形成对创新要素流动和产业转移的市场机会。在新的区域的市场环境下，将进一步优化要素市场和改善产品市场需求结构，促进产业升级。适应新市场环境的一些产业将逐步发展壮大，成为该地区的主导产业，并随博弈格局的变化实现经济结构关系的重大变迁（陆铭、向宽和陈钊，2011）。要素、产业和空间的关系如图 6-2 所示。

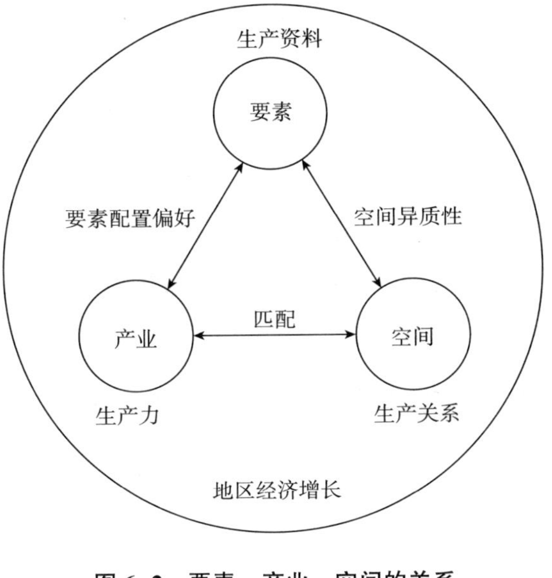

图 6-2　要素—产业—空间的关系

产业空间结构是资源空间配置的综合反映，是各类产业区位的有机组合。产业空间结构是产业体系资源空间配置的综合反映，产业价值必须与空间价值相匹配，两者的耦合会提升经济发展的质量。当前，京津冀都市圈正处于发展的关键时期，必须加强深化区域的分工与合作，推动创新要素有序集聚，构建现代产业与区域空间结构相匹配的产业体系。

1962 年，托马斯·库恩出版了其代表性著作《科学革命的结构》一书，第一次提出了“范式”的概念，他认为“范式”是指科学研究必须共同遵循的模式，包括共有的基本理论、范例、标准、方法和手段等内容。按照“范式”的这一基本逻辑，借鉴孙浩进（2014）运用空间政治经济学理论对产业转移的研究范式，本章也从产业转移动因、转移过程和转移效果三个方面来对京津冀创新资源集聚与扩散对产业转移的影响机理进行数理分析。

一、产业空间转移动因

循环累积因果效应是产业转移的基础。产业转移是产业内部集聚力和扩散力相互作用的表现形式，这两种力量都具有正反馈的特点，当某地区的集聚力小于扩散力时，会发生产业转移，随着产业的不断迁入，就会发生产业集聚，从而会引起本区域相对价格指数降低，若在名义收入水平不变的情况下，则意味着实际收入增加，居民生活福利效应增强，使该地区更有吸引力。演化经济学将市场竞争视为经济体系中的“自然选择”机制，这里的市场环境主要包括要素市场和产品市场两个方面，要素和产品的市场供求状况将会决定企业的成本和利润，进而影响企业的适应度。

（一）创新要素市场影响

创新要素市场的变化直接影响产业的转入和转出，而创新要素成本的高低决定企业产品成本，直接影响企业利润水平，是个体企业核心竞争力的关键。因此，创新要素市场环境的变化对企业的影响是空间政治经济学研究的核心范畴。如果一个区域缺少创新的氛围，创新要素资源成本高，就会降低企业利润，致使企业无法运营，从而导致创新要素资源的再配置。因此有必要厘清市场环境变化如何影响个体企业利润水平，利润水平又如何反映市场环境变化对于企业市场适应度的影响。下面以单一企业为例，来说明创新要素市场环境的变化对企业利润的影响。

假设企业的利润函数为：

$$\pi=R-C \tag{6-1}$$

式中，π 为企业利润；R 为企业收益；C 为企业成本。

企业利润函数可改写为：

$$\pi=R(Q)-C(L,K) \tag{6-2}$$

式中，$R(Q)$ 为产量为 Q 的收益函数；$C(L,K)$ 为企业成本，主要由劳动力 L 和资本 K 组成。

那么，企业的收益函数与成本函数可写为：

$$\begin{aligned} R(Q)&=P_QQe^{-rt} \\ C(L,K)&=P_LL+P_KK \end{aligned} \tag{6-3}$$

式中，P_Q 为产品价格；P_L 为劳动力价格；P_K 为资本价格；e^{-rt} 为贴现因子，那么个体企业的利润函数可写为：

$$\pi=P_QQe^{-rt}-(P_LL+P_KK) \tag{6-4}$$

式中，P_QQe^{-rt} 为预期收益贴现值；(P_LL+P_KK) 为当期成本；Q、P_Q、P_L、P_K 可视为外生变量，均由各自的市场决定；r、t 为外生变量；L、K 为内生变量。

假设某地区的产业有 n 个企业，基于演化经济学的企业群思维，由式（6-4）可推算整个产业中所有企业的利润函数：

$$\begin{aligned} \pi_1&=P_QQe^{-rt}-(P_LL+P_KK) \\ \pi_2&=P_QQe^{-rt}-(P_LL+P_KK) \\ &\vdots \\ \pi_n&=P_QQe^{-rt}-(P_LL+P_KK) \end{aligned} \tag{6-5}$$

根据已有的实证研究文献和历史实践经验证明，在较长时期内，产业通常是在两地之间转移，因此比较适合对两个均衡状态进行静态比较分析。

由式（6-4）可知，单体企业利润函数的最优化的一阶条件为：

$$\begin{aligned}\partial\pi^*/\partial L&=P_QQ_Le^{-rt}-P_L\\ \partial\pi^*/\partial K&=P_QQ_Ke^{-rt}-P_K\end{aligned} \tag{6-6}$$

其雅可比行列式可写为：

$$|J|=\begin{vmatrix}P_QQ_{LL}e^{-rt} & P_QQ_{LK}e^{-rt}\\ P_QQ_{KL}e^{-rt} & P_QQ_{KK}e^{-rt}\end{vmatrix} \tag{6-7}$$

计算雅可比行列式的值得到：

$$|J|=P_Q{}^2e^{-2rt}(Q_{LL}Q_{KK}-Q_{KL}Q_{LK}) \tag{6-8}$$

现在问题变换为我们考察 P_K、P_L 如何变化导致利润最大化均衡状态的问题？由于 P_K、P_L 均是外生变量，由各自市场决定；创新要素价格 P_L、P_K 也是外生变量，它们的变化均随创新要素市场环境的变化而变化，并造成企业购买创新要素 L、K 数量的变化，从而导致单体企业利润水平 π 的变化。

由最优化的一阶条件，比较静态分析模型可写为：

$$[J][X]=[d] \tag{6-9}$$

假定只有一种创新要素 L 的价格 P_L 变动，则 $dP_L\neq0$，$dP_K=0$

$$|J|\begin{bmatrix}\partial L/\partial P_K\\ \partial K/\partial P_L\end{bmatrix}=\begin{bmatrix}1\\0\end{bmatrix} \tag{6-10}$$

假定只有一种创新要素 K 的价格 P_K 变动，则 $dP_K\neq0$，$dP_L=0$

$$|J|\begin{bmatrix}\partial L/\partial P_K\\ \partial K/\partial P_L\end{bmatrix}=\begin{bmatrix}0\\1\end{bmatrix} \tag{6-11}$$

分别计算出在利润最大化时，P_L 的变化对劳动力 L 数量的影响，P_K 的变化对资本 K 数量的影响：

$$\begin{aligned}\partial L/\partial P_L&=P_QQ_{KK}e^{-rt}/|J|\\ \partial K/\partial P_K&=P_QQ_{LL}e^{-rt}/|J|\end{aligned} \tag{6-12}$$

式（6-12）中，P_L、P_K 的变化会影响到创新要素 L、K 数量的变化，从而导致个体企业利润函数 π 的变化，循环累积叠加，最终将会达到整体最优均衡状态。在实践应用中，主要表现为单体企业为了更好地生存和发展，转移到新的更有优势的市场，吸纳更多创新要素，谋求实现自身利润最大化，这就是基于要素迁移模型的一个具体产业转移的过程。这一过程反映了创新要素市场环境变化对一个单体企业利润水平的影响，以此类推，对企业群（n 个企业）的影响也是一致的，所以说创新要素市场环境的变化是决定产业转移的重要因素之一。

要素集聚的前提是要素流动。创新要素像其他生产要素一样具有逐利性，在市场机制下，自由流动将会被优先配置到能获得更大收益（或预期收益高）的地方，因此有高收益优势的地方将吸引更多要素流入。当流入要素的边际收益优势得到强化时，产业就倾向于集聚，否则产业就会稳定趋于分散状态。长期以来，京津冀由于受户籍、土地等行政体制机制的影响，城乡分割、地区分割现象还比较明显，严重阻碍了劳动力、资金等创新要素的流动，导致产业无序集聚与转移，很多区域出现产业空间结构不合理的情况。因此，必须消除现有政策对创新要素自由流动的限制，才能优化创新要素资源配置。

（二）产品市场影响

产品的供求关系会影响产品价格，产品价格决定企业的利润，进而影响企业群（产业）在市场空间中的适应度。我们需要考察产品价格参数的变化如何影响企业最大化利润的变化，这也是空间政治经济学研究的重要内容。在这里，我们利用包络定理来进行分析，将产品价格设为参数，考察产品价格的变化如何使利润达到最大化水平（或最优均衡状态）。

假设企业利润目标函数为：

$$\pi = Pf(L,\ K)e^{-rt} - WL - rK \tag{6-13}$$

式中，L、K 为内生变量，分别代表劳动和资本的投入量；P、W 为外生变量，分别代表产品价格和工资；r 为参数，代表利率；t 为时间变量；e^{-rt}为贴现因子，代表未来的收益贴现值。

那么，利润 π 最大化的一阶条件为：

$$\pi_L = Pf_L e^{-rt} - W = 0$$

$$\pi_K = Pf_K e^{-rt} - r = 0 \tag{6-14}$$

在利润最大化点（$\pi^*=K^*(P, W, r, t)$），以上方程隐含着函数：

$$L^*=L^*(P, W, r, t)$$

$$K^*=K^*(P, W, r, t) \tag{6-15}$$

式中，L^*、K^*分别为在利润最大化时对于 L、K 的最优需求函数，将函数 L^*、K^*代入目标函数，得到利润最大化点：

$$\pi^*=Pf(L^*, K^*)e^{-rt}-WL^*-rK^* \tag{6-16}$$

即 $$\pi^*=Pf[L^*(P, W, r, t), K^*(P, W, r, t)]e^{-rt}-wL^*(P, W, r, t)-rK^*(P, W, r, t) \tag{6-17}$$

目标函数就转化为求关于参数 P、W、r、t 的函数最优解 π^*；通过求导计算，可求出 π^*P、π^*W、π^*t；由于是对产品市场环境变化的分析，在此只分析产品价格 P 的变化对最优解的影响。

由上述分析可知，产品价格受市场供求关系决定，而产品价格的变化将直接影响企业最优利润。这里，π^*P 是产品价格的变化所造成的最大化利润水平的变化率。即

$$\pi_p^*=f[L^*(P, W, r, t), K^*(P, W, r, t)]e^{-rt}+(Pf_Le^{-rt}-W)L_P^*+(Pf_ke^{-rt}-r)K_P^* \tag{6-18}$$

由一阶条件可知，

$$\pi_L=Pf_Le^{-rt}-W=0$$

$$\pi_K=Pf_Ke^{-rt}-r=0 \tag{6-19}$$

所以，$$\pi_p^*=f[L^*(P, W, r, t), K^*(P, W, r, t)]e^{-rt} \tag{6-20}$$

在最优均衡状态时，产品价格的变化导致的企业最大化利润变化率是 $f[L^*(P, W, r, t), K^*(P, W, r, t)]e^{-rt}$。

受产品价格变化的影响，最终会打破最优均衡状态，继而走向下一个新的最优均衡状态，促使产业从“适应度低”的区域转移到“适应度高”的区域，这一过程也可看作是产业“适者生存”的过程。

产业转移的扩散力来自于市场竞争。产业集聚度高的地区，往往市场竞争也比较激烈，促使产品价格降低，企业利润下降，从而起到平衡经济活动的作用，这种分散力将促使产业在空间上形成均匀分布。聚集力和分

散力的博弈程度决定了产业空间的分布模式。

二、产业空间转移过程

以上我们讨论的产业转移主要是由于创新要素市场和产品市场的环境变化所致，但只是基于静态的分析，没有考虑产业转移的具体过程。以往研究采用“黑箱”式的研究方法，将重点放在产业转移的动因和效应分析方面，对转移过程的研究分析不足。基于生产关系对产业空间转移的详细过程予以动态化分析研究，也是空间政治经济学的核心范畴。根据上述讨论可知，受创新要素和产品市场环境变化的影响，各区域的利润存量会发生相应变化。因此，非常有必要探究市场环境变化如何影响一个产业的具体转移过程，本章选用马尔可夫过程分析方法对产业转移的具体过程进行讨论。

马尔可夫过程常被用来衡量或估计随时间变化而发生的空间位置变化。这种动态转移常用马尔可夫转移矩阵来推算，转移矩阵代表从一种状态向另一种状态转移的概率。一般用初始向量与转移矩阵的乘积进行估计。

假设有 A、B 两个地区，在（t，t+1）时间区段内；在 t 时刻，A、B 两个地区原有的产业利润额分别为 $\pi A(t)$、$\pi B(t)$。

设 P_{AA}、P_{BB}分别为 A、B 地区原有的产业不转移的概率；P_{AB}为 A 地区向 B 地区产业转移的概率，P_{BA}为 B 地区向 A 地区产业转移的概率。

$$P=\begin{bmatrix} P_{AA} & P_{AB} \\ P_{BA} & P_{BB} \end{bmatrix} \tag{6-21}$$

创新要素市场和产品市场环境的变化导致产业适应度变化，进而影响上述概率矩阵。当 A、B 两个市场变化对产业“适应度”影响较大时，P_{AB}、P_{BA}则变大；当 A、B 两个市场变化对产业“适应度”影响较小时，P_{AA}、P_{BB}则变大。

则产业转移马尔可夫转移矩阵可写为：

$$\begin{bmatrix} \pi_{A(t)} & \pi_{B(t)} \end{bmatrix}\begin{bmatrix} P_{AA} & P_{AB} \\ P_{BA} & P_{BB} \end{bmatrix}=\begin{bmatrix} \pi_{A(t+1)} & \pi_{B(t+1)} \end{bmatrix} \tag{6-22}$$

即 $X'_t P = X'_{t+1}$，其中 $\pi_{A(t+1)}$、$\pi_{B(t+1)}$ 分别为 A、B 地区在 $t+1$ 时点上新的产业利润额。

由（6-22）转移矩阵可知，我们从理论上就刻画了一个产业转移的基本动态过程。

从时刻 t 到时刻 N，将转移矩阵依次累叠连乘，则其马尔可夫转移矩阵为：

$$\left[\pi_{A(t)} \quad \pi_{B(t)}\right]\begin{bmatrix} P_{AA} & P_{AB} \\ P_{BA} & P_{BB} \end{bmatrix}^N = \left[\pi_{A(t+N)} \quad \pi_{B(t+N)}\right] \tag{6-23}$$

当 $N\to\infty$ 时，转移矩阵将不断趋向稳定的均衡水平。从长期看，产业转移的过程波动性变化不大，而且不断趋于收敛，最终将达到最优均衡状态。这也从另一个角度说明产业转移具有明显的突发性和区位黏性（路径依赖）特征。当市场环境出现变化时，并不马上导致产业转移，而是当这些因素逐步积累达到某一临界值（突破点）后，受外生力量（或事件）的稍微影响就会产生大规模的产业转移。只有外力比原有产业布局的内生约束力强时，才改变原有产业区位。

要素集聚是资源空间优化配置的重要模式。现在，京津冀产业正处于创新驱动发展的关键时期，各区域必须协同创新发展，这就要求创新资源必须进行空间优化配置。创新驱动发展要依靠科技创新驱动，依靠高端人才等智力资源的保障，必须破除要素流动壁垒，促进高端人才自由流动。同时，京津冀的创新人才、资金等创新要素资源还存在很大不足，要将优势创新资源整合聚集到国家和区域战略目标上，在重点领域、关键产业和重点关键技术上取得重大突破。创新资源的集聚，需要从国家和区域层面进行空间资源的配置与整合。创新要素资源的政策制定不能搞所谓的地区平均主义，更不能搞一刀切，要发挥市场对资源配置的决定作用，创新资源最终会从集聚走向平衡。

三、产业空间转移效果

产业空间结构是产业转移在产业空间分布的具体表现形式。产业“适应度”的变化是产业空间市场环境下的竞争、博弈与适应的结果。从演化经济学的视角看，产业转移是一个变革、学习和创新创造的过程，也是一个产业竞争变化发展的市场过程。因此，研究产业空间转移的效果也是空间政治经济学的核心内容。以下用产业“适应度”的变化来衡量评估产业转移的最终效果，主要讨论产业在不同的空间市场环境下长期博弈的结果。产业转移最终效果的博弈树如图 6-3 所示。

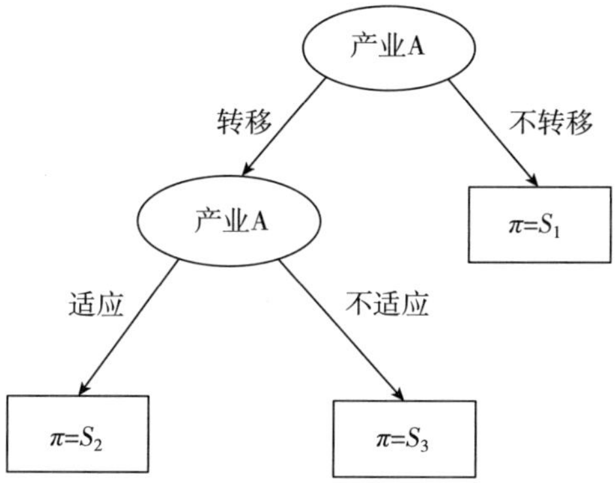

图 6-3 产业转移的博弈树分析

由图 6-3 不难看出，在面临市场环境变化时，产业 A 有“转移”或“不转移”两种策略可供选择。如果选择“不转移”的策略，则其可获得的“适应度”为 S_1；如果选择“转移”策略，则又可以选择“适应”或“不适应”策略，如果能够适应新的市场环境，则其获得的“适应度”为 S_2，若不能够适应，则得到的“适应度”为 S_3。

假定产业转移适应度的集合为 $S=\{S_1, S_2, S_3\}$。如果 $MaxS=S_2$，说明产业转移要比不转移要好，产业 A 在新区域适应了市场环境变化，产业得以比较好地生存和发展；若 $MaxS=S_1$，说明没有必要进行产业转移，企业在原先的市场环境生存状况良好。

“竞争”是“自然选择”的过程，也是企业发挥“市场选择机制”作用、实现优胜劣汰的重要手段，具有非均衡性和路径依赖性的特点。从演化经济学的视角看，产业转移的过程就是一个区域内部产业迁出和外部产业迁入的过程，也就是一个区域内部产业和一个外部区域产业围绕区域“适应度”而进行相互博弈的过程。假设博弈双方为一个 A 区域内部产业 I_A 和一个 B 区域内部产业 I_B（A 区域外部产业）；博弈策略为“竞争”策略与“转出”策略；博弈各方的得益为产业“适应度”，R_1代表 A 区域的“适应度”，R_2代表 B 区域的“适应度”，R_3代表 C 区域的“适应度”，L 代表在 A 区域内两个产业竞争取得完全胜利的损失。因此，I_A和 I_B的博弈得益矩阵如表 6-1 所示。

表 6-1 区域内外产业博弈矩阵

		A 区域内产业（I_A）	
B 区域产业（I_B）		竞争	转出
	竞争	$(R_1-L)/2$，$(R_2-L)/2$	R_1，R_2
	转出	R_3，R_1	R_3，R_2

由表 6-1 矩阵可知，如果 I_B想获得进入 A 区域的“适应度”，有两种策略可选择：一是选择与 I_A竞争，二是选择转向 C 区域；而对 I_A而言，也有两个策略可面对：一是选择与 I_B竞争，二是选择转向 B 区域。

若 I_A与 I_B都同时选择“竞争”策略，则 I_A与 I_B都获得一定的“适应度”，但同时也都各自承担一定的损失，即 I_A与 I_B各自获得的“适应度”为 $(R_1-L)/2$，$(R_2-L)/2$；

若 I_B选择“竞争”策略，I_A选择转向 B 区域的“转出”策略，则 I_A与 I_B各自获得的“适应度”为 R_1、R_2；

若 I_B选择转向 C 区域的“转出”策略，而 I_A选择“竞争”策略，则 I_A与 I_B各自获得的“适应度”为 R_3、R_1；

若 I_B选择转向 C 区域的“转出”策略，而 I_A选择转向 B 区域的“转出”策略，则 I_A与 I_B各自获得的“适应度”为 R_3、R_2。

以上博弈过程的纳什均衡完全要根据 R_1、R_2、R_3之间的大小比较而定。

若 $R_2 \geq R_1$，$R_3 \geq R_1$，I_A、I_B都不在 A 区域，则 I_A、I_B的共同纳什均衡策略为（转出，转出）；

若 $R_2 \geqslant R_1$，$R_3 \leqslant R_1$，I_B选择 A 区域的“竞争”策略，I_A选择转向 B 区域“转出”策略，则 I_A，I_B的共同纳什均衡策略为（竞争，转出）；

若 $R_2 \leqslant R_1$，$R_3 \geqslant R_1$，I_B选择转向 C 区域的“转出”策略，而 I_A选择 A 区域“竞争”策略，则 I_A、I_B的共同纳什均衡策略为（转出，竞争）。

以上分析主要从演化经济学视角，对产业转移的“竞争”“博弈”“适应”进行了诠释。我们可以看出，产业转移的过程就是产业围绕因“适应度”变化而进行博弈和再适应的过程。当某一产业转移到新的市场环境后，会产生一种综合的反馈效应，不仅带来创新要素资源的流入，还会给市场相关主体带来福利效应。产业转移能够促进区域创新要素集聚，改善产业结构转型升级，优化产业空间布局，从而带动区域经济的快速增长。产业空间结构是产业体系资源空间配置的综合反映。产业价值必须与空间价值相匹配，两者的耦合会提升经济发展的质量。当前，无论是从国家还是地方层面，都在积极寻找加强国际与区际合作的区域发展思路，探索优化产业布局和调整经济结构的方式，以促进经济转型升级。京津冀协同发展作为国家三大战略之一，必须加强与相关国家与地区的分工与合作。京津冀地区无论历史、自然地理、经济文化都具有多层次性，且各地区差异巨大，各自产业体系更是不同。因此，各地区必须根据自身空间价值的特点，选择适合本区域发展的主导产业，以便更好地开发利用自身优势资源，构建具有独特风格特色的现代产业体系。为此，必须发挥政府的引导作用，加强顶层设计，做好产业对接平台，建立良好的政策、税收、机制、社会、经济等多方面的创新环境。根据各地比较优势制定规划产业规划和产业政策，引导各类要素分类集聚，形成区域竞争力强的主导产业，通过专业化分工与区域间贸易来增强产业之间的联系与合作。通过产业集聚与产业转移的相互作用来优化产业空间经济结构，形成多层级“中心—外围”的城市结构，从而推进京津冀一体化的协调发展。

创新资源配置机制是指对创新资源使用的数量、规模、结构、布局等方面的经济调节机制，它受市场和政府计划双重调节作用，本章主要基于空间政治经济学理论与方法，探讨了创新要素资源在产业和空间布局的配置效应，分析了创新资源集聚与扩散对产业空间配置的影响机理。综合以上分析，主要可以得出以下结论：①创新要素市场和产品市场环境的变化会影响企业“适应度”。创新要素市场供求状况决定企业成本，产品市场供求状况影响企业利润。如果创新要素成本过高，产品竞争激烈，则企业利润降低，产业“适应度”就会急剧下降，企业将难以生存，产业就会转出，从而导致创新要素资源的再配置。②产业动态转移过程中市场环境的变化会影响地区利润存量的变化，从长期趋势看，产业转移的过程波动性变化不大，而且不断趋于收敛，最终达到创新要素资源整体的最优均衡状态。③产业“适应度”是转入地和承接地要素之间的高效配置和综合集成，是创新要素空间融合的具体表现形式。产业“适应度”的变化是产业空间市场环境下竞争、博弈与适应的结果；产业“适应度”高，就会形成承接地的产业集群效应，导致创新要素资源集聚。

产业的转移和创新要素资源的流动密切相关，创新要素集聚与扩散是创新资源空间配置的主要方式，产业转移是一种系统性的要素流动与集聚过程，创新要素通过产业时空变动来促进产业空间结构的形成与演化。循环累积因果效应是产业转移的基础。产业转移是产业内部集聚力和扩散力相互作用的表现形式，这两种力量都具有正反馈的特点，当某地区的集聚力小于扩散力时，发生产业转移，随着产业的不断迁入，就会发生产业集聚，从而会引起本区域相对价格指数降低，若名义收入水平不变，则意味着实际可支配收入增加，居民生活福利效应变强，使该地区更有吸引力。演化经济学将市场竞争视为经济体系中的“自然选择”机制，这里的市场环境主要包括创新要素市场和产品市场，创新要素和产品市场供求状况将直接决定企业的成本和利润。在创新要素充分自由流动的情况下，创新要素由于循环累积因果效应促进产业集聚，加速区域经济发展。增长迅速的地区会吸引大量可流动创新要素，从而扩大市场规模，促进产业产生更大收益递增并导致产业集聚，从而形成产业区位。创新要素集聚地区将发展成为“中心城市”，而创新要素流出地域则沦为“外围地区”。创新要素集聚具有经济外部性，是形成区域性创新网络的直接动力。随着创新要素持续向中心城市集聚，城市规模范围不断增大，由于受土地、户籍等不可流动要素的束缚限制，而产生拥塞效应，促动产业区位转移，从而实现产业空间结构重组。一些外围地区由于承接产业转移集聚了很多创新人才、资金等要素，从而形成新的产业集聚中心，循环累积便会出现多个这样的中心城市。创新要素的集聚与扩散可以形成创新资源空间配置效应，从而优化产业空间结构。产业转移促进转出地区产业收敛和非均衡发展，推动区域间产业分工精细化和专业化。通过承接产业转移，欠发达地区可迅速提升产业技术能力，促进产业结构转换与升级，形成产业比较优势，提升区域在区际分工中的地位，促进区域经济发展。同时，通过承接产业转移，还可帮助承接地区增加就业机会，提升区域协同创新能力，促进区域经济持续稳定协调发展。

京津冀的产业转移是一个非常复杂的系统工程，由于各区域产业基础、历史文化、资源分布不同，我们必须充分考虑产业链布局的现实情况，需要产业链、创新链和资本链在收益最大化的区域内自由配置；需要充分考虑转出产业与转入地的产业融合，搭建一体联动对接平台；需要政府加强顶层设计，营造良好创新环境、优化产业布局、引导支持创新资源的流动；需要考虑创新主体、市场环境、合作方式、契约关系、组织保障、政策和社会支持力度等多方面的因素。

本章小结

创新资源配置机制是指对创新资源使用的数量、规模、结构、布局等方面的经济调节机制。本章基于空间政治经济学的理论与方法，对京津冀创新资源集聚与扩散对产业体系和空间结构的影响机制进行了分析。第二节首先提出了创新要素流动对产业空间结构影响的分析框架，并对创新要素循环累积效应、拥塞效应、资源空间配置效应的机制进行了分析。第三节基于空间政治经济学的理论与方法，构建了创新要素、产业和空间的配置机制分析框架。基于成本收益分析方法，对创新要素和产品市场环境变化对产业转移的动因进行了数理分析；采用马尔可夫转移矩阵，对产业空间转移的动态过程进行了数理分析；采用博弈论分析方法，对产业转移的效果进行了数理分析。主要研究结论为：①创新要素市场和产品市场环境的变化会影响企业“适应度”。创新要素市场供求状况决定企业成本，产品市场供求状况影响企业利润。如果创新要素成本过高，产品竞争激烈，则企业利润降低，产业“适应度”就会急剧下降，企业将难以生存，产业就会转出，从而导致创新要素资源的再配置。②产业动态转移过程中市场环境的变化会影响地区利润存量的变化，从长期趋势看，产业转移的过程波动性变化不大，而且不断趋于收敛，最终达到创新要素资源整体的最优均衡状态。③产业“适应度”是转入地和承接地要素之间的高效配置和综合集成，是创新要素空间融合的具体表现形式。产业“适应度”的变化是产业空间在市场环境下竞争、博弈与适应的结果；产业“适应度”高，就会形成承接地的产业集群效应，导致创新要素资源集聚。

第七章

京津冀创新资源配置路径及建议

第一节　引　言

区域合作成为世界经济发展的新趋势，都市圈一体化发展成为经济转型发展的重要推动力量，创新是京津冀协同发展的主要驱动力和本质要求。京津冀地区是中国人口最稠密、创新资源最集中的地方，拥有大量的科学技术人才和研发机构总部，具有先天的区位和资源优势，完全有能力成为全国科技创新中心，成为新时期中国经济发展的支撑带，引领带动我国经济快速发展。

前述各章研究结果显示，京津冀三地由于处于不同的发展阶段，面临的突出问题与矛盾也不完全相同。在京津冀三地，各区域的创新环境和创新要素对企业创新活动的影响差别巨大，同时一些研究结果与现实政策还存在出人意料的差异。由于受传统行政区划和管理体制机制的影响与限制，还存在创新要素分布不平衡、创新资源整合共享不足等问题，还没有形成区域创新统一协调分工的格局。创新链、产业链和资本链的对接融合还不够充分，创新合作机制尚待完善，还没有形成区域一体化的创新生态体系，创新驱动的能量还没有得到充分挖掘和发挥。

许多学者围绕京津冀协同发展提出了很多的对策建议，概括起来主要体现在以下几个方面：第一，关于京津冀协同发展的核心任务方面。学者们一致认为，有序疏解北京非首都功能是推进京津冀协同发展的核心定位，雄安新区作为疏解的重要承载地，对调整优化产业结构和城市空间布局，发展成为创新驱动的新引擎具有重大现实意义。武义青、柳天恩和窦丽琛（2017）

从吸纳优质创新要素、吸引和培育高端创新主体、推进体制机制创新、打造创新发展高地、构建新型区域创新体系等方面对河北雄安新区的建设提出了很多具体的政策建议。第二，关于京津冀协同发展的顶层设计方面。黄金川等（2017）和陆大道（2015）从空间管治视角，周京奎和白极星（2017）从环境协同治理、金融与物流一体化等方面，张杰和郑若愚（2017）从产业与城市协同联动方面，毛汉英（2017）从机制体制创新和政策方面对京津冀三地的功能定位和协同发展提出了很多具体的政策建议和实施策略。第三，关于河北雄安新区的规划建设方面。刘秉镰和孙哲（2017）从打造优美生态环境、建设绿色智慧新城、发展高端高新产业、提供优质公共服务、构建快捷高效交通网、推进体制机制改革、扩大全方位对外开放等角度，全方位、多层次对雄安新区的规划建设提出了很多规划及政策建议，但是这些对策和建议都比较宏观，缺乏具体的创新资源配置路径和对策。

与珠三角、长三角相比，京津冀都市圈矛盾更为突出，发展更不平衡、更不协调。京津冀协同发展，关键是靠协同创新，因此，为了更好地构建京津冀协同创新共同体，需要构建以企业为主体、政府为引导、产业为依托的路线图，从强化协同创新支撑、完善区域创新体系和整合区域创新资源等方面对京津冀都市圈内创新资源的优化配置提出具体的对策建议，为京津冀及其他都市圈创新资源配置提供借鉴与参考。

第二节　京津冀创新资源配置的基本路径

京津冀的协同发展必须要具有创新思维，突破制约发展的各种瓶颈，通过体制机制创新，释放新动能，通过多种途径消除各种创新资源流动的障碍和集聚各种创新资源，实现创新资源的优化配置，带动京津冀区域产业转型与升级，实现京津冀一体化发展目标。因此，必须立足于京津冀区域整体功能定位来进行统一规划，京津冀区域协同创新要贯彻以企业为主体、政府为引导、产业为依托的创新资源配置路径，如图 7-1 所示。

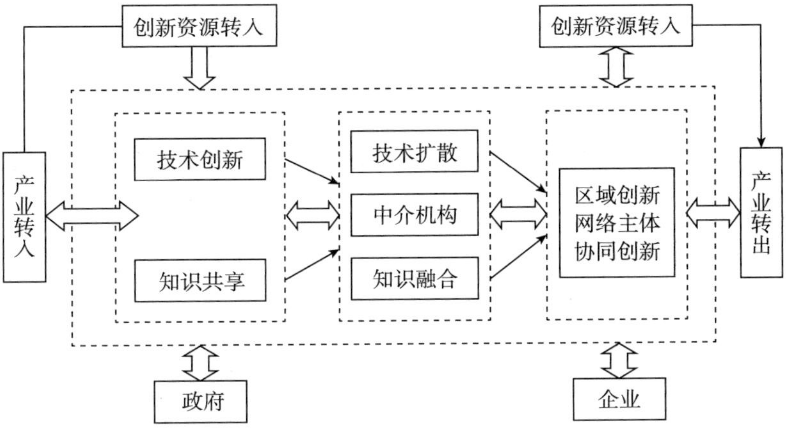

图 7-1　创新资源配置路径

（1）以企业为主体。

企业作为创新最重要的主体，是推进区域协同创新的关键力量。只有企业提高自主参与技术合作研发的意识，加强不同区域企业的合作，才能从事更高水平上的复杂、尖端的研发，从而获得原先单纯依靠本地企业不可能获得的综合竞争优势。欠发达地区必须转变发展观念，通过承接产业转移和区域协同创新实现路径创新；必须充分发挥区域内各个创新主体的作用，摆脱以往的路径依赖，实现自我创新。企业通过区域协同创新为自身产业的大发展提供动力，当企业创新发展比较充分时，可通过产业转出来扩大自己的产业规模，从而实现企业的跨越式发展。

（2）以政府为引导。

中央和各级政府在区域协同创新中发挥着引领和导向作用，一方面负责制定区域协同创新的政策，建立公平良好的法制环境；另一方面掌握着科技创新资源的经费投入，承担公共创新资源的整合职能。

（3）以产业为依托。

产业发展是一个区域经济发展的重要基础，产业的高效发展与技术进步是区域协同创新的根本目标。同质产业的技术水平和发展程度可能因区域差异而不同，因此，不同区域可通过联合研发一些共性技术，来实现相应产业的协同创新；通过加强对产业结构的统一规划，深化区域间的分工合作程度，来促进产业在不同区域间的梯度转移，从而提高整体区域的创新能力。

第三节　京津冀创新资源配置的政策建议

一、强化协同创新支撑

（一）打造全国科技创新高地，建立分工合理的创新发展格局

按照《京津冀协同发展规划纲要》的总体战略要求，为实现区域经济发展从要素驱动转为创新驱动，需要进一步明确北京、天津、河北三个区域的城市功能定位，突出科技创新优先发展领域，完善科技产业园区布局。在创新资源空间配置上，要将疏解北京非首都功能作为重中之重，强化创新源头和策源地配置管理，减少空间错配误配现象，进一步优化产业结构，从而实现更为合理的区域空间布局。京津冀都市圈应充分利用北京科技创新能力突出、天津研发转化能力强和河北转型发展势头良好的整体综合优势，积极推进实施创新驱动发展战略，以提高质量为核心，坚持内涵式发展道路，进一步推进经济结构优化升级，从而提高综合经济实力和国际竞争力，成为中国经济增长的新引擎。对北京，首先，应当围绕全国科技中心定位，强化原始创新，加强基础研究的超前规划部署和人才队伍的培养，建设世界一流的大学和学科，统筹规划中关村等科学园区的建设，打造技术创新总部聚集地。其次，加大科学技术创新投入，建设“高、精、尖”战略性产业，实现技术创新跨越发展，强化科技成果的转化和产业化能力，推动高新技术创新成果的共享共用。对天津，应围绕全国先进制造研发基地定位，建设天津国家自主创新示范区，提高工程应用技术的研究与转化能力，加强工程化技术研究开发和人才队伍培养，建设高水平的现代化制

造业研发转化基地。加大财政支持力度，鼓励支持建立产业创新中心、中小企业创新创业示范区等科技研发组织。对河北，应围绕产业转型升级实验区的目标定位，重点提高科技成果应用转化能力，加强示范性转化经验推广。打造产业创新中心、科技孵化转化中心、制造业研发转化基地和产业科技园区等来进行重点产业的结构调整和转型升级。

（二）强化以企业为主体的自主创新体系建设

1. 开放式自主创新模式转变分析

从第三章和第四章有关创新资源配置效率的分析中可以看出，在京津冀区域内，不同层级的区域创新要素配置的效率存在很大差别。主要是由于以企业为主体的创新支撑体系存在很大差异。

封闭式创新（Closed Innovation），就是在一个组织内部完成技术创新的一切活动，即从资金、研发人员投入到产品的生产、营销和售后服务全价值链环节活动全部由企业内部完成，它的特点在于非常重视核心技术研发的保密工作。随着市场竞争加剧，一个企业不能单纯依靠自身的知识进行技术创新，需要协调组织内部和外部的资源来进行创新，即“开放式”创新模式。以企业为主体进行自主创新成为创新的主力军，典型的模式主要有以下三种：①“产业内生型”模式。主要是指企业根据所在产业价值链上的某个市场机会进行技术转让，创造新价值。一般情况下，这类产业具有开放的统一技术标准，企业通过创新成果转化或知识产权的转让来获得利润回报。②“企业资本内生型”模式。这种模式主要依靠企业从技术交易市场上购买创新成果，并将外部技术内生化，转化为自己的核心技术。③“企业技术内生型”模式。主要是指企业自主进行技术研发投入，创新成果通过外部风险投资公司进行技术商业化，通过知识扩散获得盈利的一种商业模式。企业需根据自主创新支撑体系建设的实际情况进行灵活选择。

2. 企业开放式自主创新支撑体系的关键支撑要素

在京津冀都市圈创新支撑体系中，企业进行开放式自主创新活动受很多关键支撑要素的影响。根据前文分析，这些要素主要包括创新的区域经济空间结构安排、制度环境、知识基础和技术环境等，如图 7-2 所示。

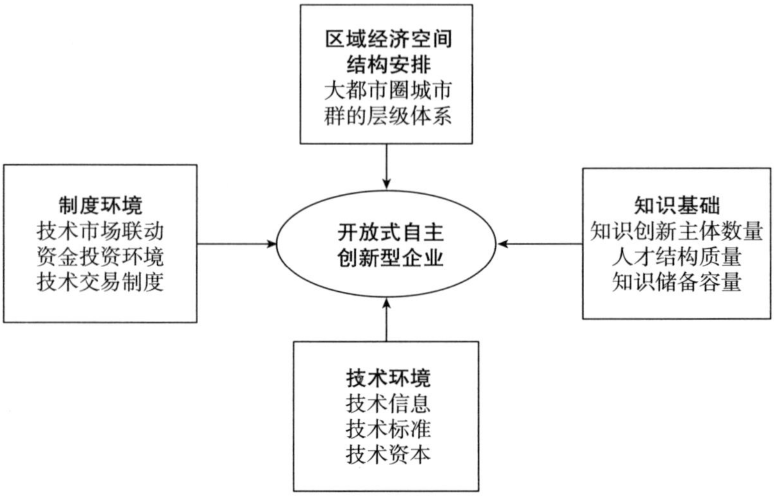

图 7-2　企业开放式自主创新的关键支撑要素

（1）区域经济空间结构安排。

空间结构是创新活动空间表现形式，主要反映企业的区位特征及在区位中的互动关系。在市场经济条件下，京津冀都市圈一体化发展战略将极大促进创新技术资源的空间流动，同时一体化战略目标的实施又必须有紧密的系统空间结构来做支撑。因此，为了提高企业创新产出，必须坚持在市场机制主导下，构建合理的区域创新系统空间结构布局。

（2）制度环境。

资源配置主要有“垂直一体化”和“市场化”两种组织形式（Correa，1994）。前者主要是指在组织内部实现创新要素资源的流动。从我国发展趋势来看，市场配置将是我国创新资源分配的主要形式。技术交易作为资源合理配置的重要途径，是创新行为主体间一种有偿技术知识流动转移的合作形式，能有效促进创新。京津冀都市圈的创新资源配置系统跨越多个行政区域，需要各城市技术市场的联动。因此，为了提升京津冀都市圈的整体科技创新能力，需要建立区域共同的技术交易制度，保障京津冀都市圈的创新系统有效运行。此外，京津冀地区应营造良好的投资制度环境，加大对企业自主创新的研发活动、技术转让、技术成果的转化、产业化和退出机制等方面的资金支持。

（3）知识基础。

在区域创新过程中，一个地区创新主体知识创新的能动性依赖于知识基础。但是，仅有知识基础还是不够的，创新的最终绩效还必须培养创新的意识和思维。

（4）技术环境。

技术环境主要分为软环境和硬环境。软环境指创新支撑体系中是否存在有利于国际技术、人才、信息、资本等进行转移的通道或知识流动平台。都市圈支撑技术环境的知识交流平台，应该摒弃以企业为节点的技术知识孤岛，而应扩大以城市为节点的知识共享平台，使得前沿技术、最新资讯通过标准的信息编码在这个平台迅速扩散传播。硬环境是指现实存在于产业中的知识与技术成组集群，反映在新技术落地转化的配套和协作能力上。都市圈各地区有各具优势的产业结构和长期积累的技术储备，这些成为技术创新和转化的现实基础。有效协同、突出效率应该成为其遵循的原则。

3. 企业开放式自主创新战略选择

从以上分析中我们不难发现，面对经济新常态，企业更愿意协同创新，通过网络经济或创新要素集聚等方式获取外部效益。在选择一个最适合自己的开放式自主创新模式之前，企业会综合考量其所在地区创新要素的综合配置情况。企业开放式自主创新模式战略选择的决策过程如图 7-3 所示。

第一，企业要分析是否有完善的创新制度环境，分析评价都市圈整体的发展是否存在密切的经济空间结构，同时考虑国家、区域宏观经济制度的影响与限制。如果以上答案是肯定的，那么企业将选择城市区位，进而加强企业内外的合作联系，形成网络协同创新模式，从而推动区域城市的协同发展。第二，企业还要对区域人才结构、技术环境和知识基础等支撑因素进行综合考量，同时还要关注国际产业技术的变化。第三，企业要根据自己的支撑体系建设情况和战略定位，进行自主创新战略模式的选择。在选择创新战略模式时，可选择产业内生型、资本内生型和企业技术内生型的一种或多种。第四，企业自主创新模式选择后，并不是一成不变的，仍要不断进行检查改正错误偏差，持续循环改进。

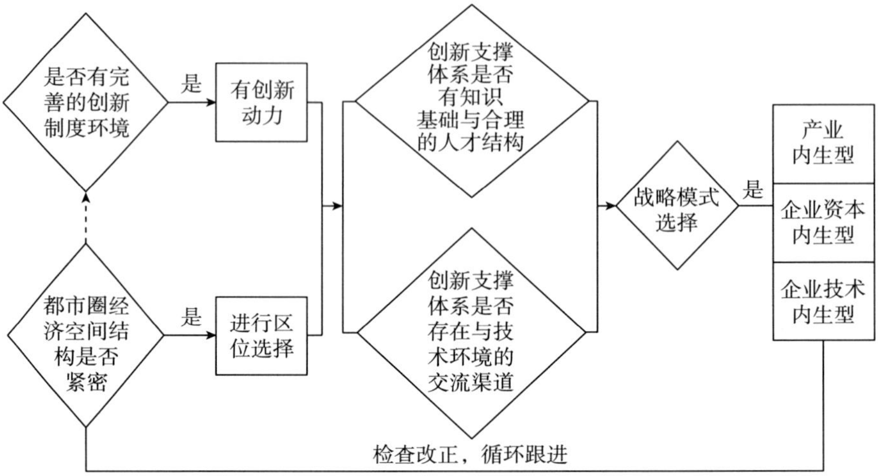

图 7-3　企业开放式自主创新战略选择

二、完善区域创新体系

（一）加强科技成果转化服务体系建设

1. 建立健全技术交易市场建设

京津冀都市圈建设一体化的技术市场，必须充分利用好各地政府的引导作用。建设信息共享、标准统一的科学技术成果转化和交易信息服务平台。通过发展各种类型的技术中介服务组织，联合组建技术交易联盟、技术交易中心等技术转移服务平台，建立健全技术交易服务体系。

2. 健全市场化运作的大区域创新服务平台

加强对京津冀都市圈内创新服务资源的整合与引导，以技术转移服务平台为依托，提高产业创新中心、企业孵化中心、大学科技园等科技创新服务机构的专业服务能力。根据区域发展需要，组织、策划、打造一批具有季节性、常态化、序列性，有品牌影响力和实效性的区域交流合作平台，为各地城市在产业对接、政策对接、创新协作、资源共享、成果转化、信息交流、项目对接等层面的合作提供有力支撑。

3. 完善科技创新投融资体系

科学技术的创新离不开金融的支持，必须完善创新的投融资体系。京津冀地区可建立科技金融合作平台，实现金融一体化。对大型高新技术产业项目可建立共同发展基金，对跨界、联合的重大高新技术创新项目给予融资上的支持。对跨界的创新创业项目，政府可以通过种子基金、低息、无息或贴息贷款等方式拓宽科技企业投融资渠道，加大创新资金投入。支持商业银行、社保、保险、民营资本等金融机构进行金融创新试点，形成多层次的金融服务体系。

（二）推进政产学研深度合作

1. 深化科研管理体制改革，推动知识创新向应用创新环节延伸

积极落实中关村先行先试政策，提高研究开发人员成果转化收益比例，推进股权激励机制改革。深化科研立项评审及科研成果管理改革，明确科研单位或发明人对参与的国家、市级重大创新成果的所有权的支配比例，需要将技术成果转移指标纳入科研考核管理体系，鼓励首都高校、科研院所等知识创新主体内部重视对基础性创新成果的应用性开发，向技术创新和市场需求环节更进一步，进而推动高校、科研院所知识创新与企业技术创新需求的有效对接，形成对京津冀都市圈乃至更大区域创新的基础性支撑能力。

2. 鼓励设立应用性技术研发机构，提升知识创新与技术创新对接中间环节的支撑能力

大力设立以产业技术研究院、二次开发类技术转移机构等为代表的应用性研发机构，加强基础应用、共性技术的开发研究，提高试验生产、成果转化与示范推广的应用能力，搭建大学、科研机构与企业知识技术创新的对接平台，提高由知识向新产品的转化效率。支持首都高校院所围绕京津冀都市圈产业创新需求，联合相关领军企业组建更多的行业性应用技术研发机构，提高知识创新与技术创新对接的有效性。

3. 探索多元化产学研合作模式，完善知识创新与技术创新的对接通道

探索建立大学、科研院所的创新成果向企业转化和产业化的新机制。

加强产学研合作进程，可通过委托研发、技术转让、技术入股和共建研发机构等方式进行合作。鼓励组建产业技术创新联盟、博士后工作站等协同创新组织，建立知识创新与技术创新对接的通道，构建京津冀都市圈大区域的协同创新网络。

（三）完善创新区域协作体制机制

为了有序疏解北京非首都功能，必须对影响京津冀协同发展的体制机制进行改革。要充分发挥政府引导、市场配置资源的决定性作用，消除限制协同发展和创新要素流动的体制机制障碍，有效实施简政放权，创新体制机制模式，推进网络在线行政审批等，尽快建立和健全互利共赢、优势互补的京津冀一体化发展的制度。

1. 探索组建区域领导组织机构，加强区域创新统筹发展

争取国家相关部委支持，组建京津冀都市圈发展的领导小组及统筹推进机构，加强京津冀各区域在规划对接、产业对接、政策对接、重大项目协调等方面的协作，形成常态化工作推进机制。围绕京津冀都市圈创新发展需求，可由相关机构统一编制京津冀都市圈科技创新规划，确定大区域科技创新部署、实现路径、重点方向、科技条件平台、科技基础设施建设、协同推进重大创新项目、支持政策等内容，建立健全大区域创新统筹发展的体制机制。支持京津冀联合出台一批政策措施，推动科技创新政策一体化，可在省际投资、产业转移对接、园区建设方面推进政策创新。京津冀三地政府可根据京津冀协同发展规划的统一部署，结合区域产业价值链和分工特点，形成跨区域创新合作网络，促进区际间技术和经济联系，从而改善企业间的邻近性。

2. 探索区域间利益分享机制，推动区域间“创新—成果转化”合作

开展跨区域的“创新—成果转化”合作是发挥首都创新资源优势及周边区域产业化空间资源优势的重要内容。加强京津冀各地区间的对接协商，探索区域共同组织或承担重大科技创新项目，采取“总部—基地”模式实现产业协作，共建产业园区或基地等多种合作方式，完善区域税收分配机制与经济核算机制，形成科技成果输出地与输入地间合作共赢的发展局面。

同时，加强对技术转移、科技服务等市场化科技成果转化主体的政策引导，完成促进区域间科技成果转化的市场化机制，充分发挥技术转移中心、科技投融资机构、产业联盟、协会、风险投资等专业化中介服务机构在跨区域成果转化方面的积极作用，促进首都科技创新效能的释放。

3. 推动要素市场一体化改革

政府应加快改革创新步伐，建立健全协同发展现代管理机制，扩大简政放权领域，破除制约协同发展的行政壁垒和制度障碍，通过网络等形式进行在线审批，建立网络协同的行政管理机制。充分发挥市场配置资源的决定作用，促进创新要素自由流动；发挥引领带动作用，为全国其他都市圈的协同发展提供可复制、可推广的经验。加大金融、技术、信息、土地等要素市场的一体化改革推进力度。建立京津冀地区公开统一的金融投资、财政税收、科学技术研发、知识产权交易、创新创业等政策，形成共建共享、统筹互助、互利共赢的创新环境。

三、整合区域创新资源

（一）集聚高端创新要素

京津冀三地应提升科研设施集聚优势，加强重点高、精、尖技术专业领域的资源整合力度，共享科研设施，发挥集聚优势。加强与国际知名研究开发机构合作，形成战略合作联盟。引进和集聚全球高端人才，引进、消化和吸收国际先进技术。制定支持国外股权投资政策，鼓励资金投向区域内创新型企业，促进创业投资机构向本地区集聚和发展，创建一切有利于吸纳高端创新资源的创新文化氛围。

（二）促进科技创新资源和成果开放共享

从第五章研究结果看，技术邻近性处于倒 U 形曲线的右侧，对协同创新合作产生负向影响，可能由于产业结构出现不合理，需要进行技术创新和产业转移。而区域间产业集群的技术创新需要创新协作体系的支撑，需要政府建立跨区域协同创新服务平台，来降低企业间技术邻近成本。具体措施有：①可通过联合共建科技资源共享平台等方式，实现创新资源和科技成果的开放共享，促进大型科学仪器设备和科研基础设施等的共享共用，如联合建设实验室、检验检测中心、试验平台、产业技术研发和工程应用转化中心等。建设多层次的科技创新平台。②建立完善京津冀三地统一的技术创新服务平台，帮助企业提供各类技术供需信息。京津冀三地可根据各自产业集群发展建设情况，共建公共服务平台，或按产业建设公共服务平台，避免各地区重复单独建设。充分利用北京科技人才密集、信息咨询服务业发达的得天独厚的条件，构建公开统一的创新服务协作共享平台，提高科学技术专业化及社会化服务的水平。建立科技信息资源共享网络，利用现代网络信息技术，将大学、科研院所、企业、产业研究院、科技园区等多行为主体的创新资源建立数据库，通过网络共享对社会开放使用，提高科技创新资源和成果的使用效率。

（三）加强科技人才培养与交流

人才是科学技术发展的基础，京津冀地区必须充分发挥首都高校、科研院所和培训机构众多的优势，加强京津冀都市圈内的人才工作统筹力度，探索在京津冀都市圈周围城市创业的京籍人才在享受医疗及社会保障方面的政策，鼓励在京创新型人才到京津冀都市圈周围城市创业。加强高端科学技术人才的培养与交流，制定方便外国高端技术型人才出入境的政策和提供居留条件，吸引和集聚高端创新人才。建设科技人才信息共享服务平台，完善创新人才跨区域流动机制。推动首都高校、科研院所与京津冀都市圈的其他城市共建实习基地、专业技能型人才实训基地等，开展跨区域的人才培养与交流合作；加强对人才市场、招聘机构、培训机构、人才协会等社会化人才服务机构的引导，鼓励其通过组建“人才服务联盟”、组织跨区域人才活动等方式，开展跨区域的人才服务。

本章小结

打造“以首都为核心的世界级城市群”是京津冀协同发展的根本目标，

随着《京津冀协同发展规划纲要》的实施，京津冀协同发展的空间格局有了很大改变，但是城市群产业分工耦合机制尚未建立，还未完全实现空间一体化。创新资源共享不足，科技成果的转化效率还不高，一些深层次的体制机制制约等问题仍然存在。因此，如何重塑京津冀空间结构，有效推进核心区域创新的“空间溢出效应”，化解区域创新要素空间流动不畅，提高创新资源的配置能力和配置效率，成为当前京津冀协同发展面临的重大命题。因此，本章提出京津冀协同创新要贯彻以企业为主体、政府为引导、产业为依托的路线图，从强化协同创新支撑、完善区域创新体系和整合区域创新资源等方面对京津冀都市圈内创新资源的优化配置提出了具体的对策建议。

第八章

总结与展望

第一节 总 结

一、主要工作和结论

(一) 相关研究综述及概念界定

本书对国内外有关都市圈的内涵、形成发展机制和协同创新模式的研究进行了梳理；对区域创新系统的概念、运行机制以及如何构建等相关研究进行了归纳；对创新资源配置状况、配置效率、配置方式、配置途径以及空间政治经济学的研究现状及研究成果进行了综述，并结合这些研究对本书的指导意义进行了简评。根据文献梳理，本书认为创新资源配置无论从研究对象、研究角度以及研究内容方面都有很多可深入研究的空间。从研究对象上看，以京津冀都市圈作为研究对象，属于中观研究；从研究角度上看，在京津冀协同创新背景下，应该从强化创新资源配置研究的实际意义入手；从研究内容上看，应该实证检验京津冀区域创新资源配置效率及协同创新的影响因素，因此，本书明确提出了“京津冀创新资源配置”的研究主题。同时，基于协同创新理论、系统理论、资源配置理论以及空间政治经济学理论，在界定了创新资源内涵、识别出创新资源配置系统的基础上，构建了区域创新资源配置系统分析框架。

(二) 京津冀创新资源配置状况与国内外都市圈的比较

本书在分析京津冀创新财力资源、人力资源、创新主体等配置状况基础上，对京津冀与珠三角、长三角以及世界五大都市圈的创新资源配置状况进行了对比分析，指出京津冀都市圈创新资源配置的特点和存在的主要问题，并对国际都市圈创新体系建设有益的经验进行了归纳总结。结果表明，京津冀都市圈创新体系建设同其他先进都市圈还有一定差距，京津冀创新资源配置呈现出以下特点：①在创新人才和创新资本要素方面，与其他地区相比，北京市经济活动人口素质高，高技术从业人员占比大，研发人员及研发强度均持续稳步增长。北京市所投入的人员全时当量和经费支出总量远大于天津、河北两地，甚至大于天津、河北两地之和，从科研投入可见三地之间的科研及创新能力差距很大。②从基础研究和应用研究看，由于北京拥有众多的高校和科研机构，基础研究能力十分雄厚，天津、河北两地相对北京基础研究能力薄弱，存在短板，天津、河北两地应该借助北京的基础研究能力弥补自身不足。③从应用研究情况看，北京明显高于天津、河北两地，情况基本与基础研究状况类似。④从试验发展人员投入来看，天津、河北两地在投入数量上仍不具优势，但天津、河北两地的试验发展人员投入比重高于北京。⑤从创新主体投入角度看，天津、河北两地在工业企业 R&D 人员投入方面相对于北京略具优势，这从京津冀三地的产业结构与布局上可以找到证据。从科研机构及高等院校 R&D 人员投入看，北京都具有绝对优势。⑥从空间配置看，京津冀各地区城市之间仍有非常明显的差距，从总体上看，呈现京津冀依次递减的阶梯状分布特征。

（三）配置效率及其影响因素的实证分析

由于随机前沿分析方法在测量多投入、多产出创新效率问题方面存在不足，本书结合投影寻踪模型降维的特点，构建了有效评测创新效率的随机前沿改进模型，并对创新资源配置效率及影响因素进行了深入的分析。本书选用国外三大检索收录我国科技论文发表数、专利申请受理数量、高新技术企业新产品销售收入和技术市场成交额四个指标作为产出指标，选择 R&D 人员全时当量和 R&D 资本存量作为创新投入的衡量指标，选择政府对科技活动的支持力度、国际贸易强度、教育水平、企业研发投入、地方经济水平等因素作为外生性因素。基于 2005~2013 年各区域数据，对我国长三角、珠三角、京津冀三大都市圈创新资源配置效率进行了实证分析。研究结果表明：①在创新资源配置效率方面，京津冀都市圈创新资源配置效率与珠三角、长三角还有一定的差距。②从创新资源要素产出弹性的变化趋势来看，创新人力资源要素产出弹性高于创新财力资源要素产出弹性，创新人力资源要素对创新产出呈 U 形关系。③国际贸易强度、地方政府科技支持强度、企业研发投入均对创新资源配置效率起到了显著正向促进作用；教育重视程度对创新有正向作用，但不显著；地方经济水平（GDP 的人均增长）对创新的影响需根据具体情况而定。

（四）多维邻近性对产学协同创新关系形成的影响的实证分析

产学协同创新作为创新资源配置最重要的方式，区域间组织的多维邻近性是影响协同创新合作关系的重要因素。本书基于多维邻近性视角，对技术邻近性、制度邻近性和地理邻近性对跨区域产学协同创新合作关系形成的影响机理进行了分析，提出了多维邻近性对跨区域协同创新合作关系形成的理论分析框架和研究假设。基于中国国家知识产权局 2000~2016 年京津冀三地 28 所高校和 980 家企业产学共同合作申请的专利数据，采用 1∶1 配伍设计，运用 Stata 进行稀有事件回归实证分析。研究结果表明：①地理邻近性、制度邻近性和技术邻近性是京津冀产学协同创新合作关系形成的重要影响因素。②地理邻近性和制度邻近性对跨区域技术创新合作关系的形成具有显著正向作用。技术邻近性对跨区域协同创新合作关系的形成存在倒 U 形影响，且位于同一区域的产业与大学开展技术创新合作更加普遍。③地理邻近性与技术邻近性的交互作用会对产学协同创新关系的形成具有显著负向影响。也就是说，当大学和企业地理邻近性较小（即地理距离较远）时，技术邻近性对产业与大学协同创新合作形成的倒 U 形关系会得到显著的强化。④制度邻近性与技术邻近性的交互作用对产学协同创新合作关系的形成具有显著负向影响。⑤制度邻近性与地理邻近性的交互作用对产学协同创新合作关系的形成具有显著负向影响。⑥大学综合实力仍是跨区域协同创新合作的重要因素，对跨区域协同创新合作关系的形成具有显著正向作用。提高大学的综合实力可以克服较大距离因素的制约，促进跨地区协同创新合作关系的达成。

（五）创新资源的集聚与扩散机制研究

创新资源配置是一种综合的创新要素流动与集聚的过程。基于空间政治经济学的理论与方法，对京津冀创新资源集聚与扩散对产业体系和空间结构的影响机制进行了理论分析。对创新资源循环累积效应、拥塞效应和空间配置效应进行了理论分析，构建了创新要素、产业和空间结构的配置机制分析框架。运用空间政治经济学的理论与方法，采用成本收益分析、马尔可夫过程和博弈论等模型方法对京津冀产业转移的动因、转移过程和转移效果进行了数理分析。主要研究结论为：①创新要素市场和产品市场环境的变化会影响企业“适应度”。创新要素市场供求状况决定企业成本，产品市场供求状况影响企业利润。如果创新要素成本过高，产品竞争激烈，则企业利润降低，产业“适应度”就会急剧下降，企业将难以生存，产业就会转出，从而导致创新要素资源的再配置。②产业动态转移过程中市场环境的变化会影响地区利润存量的变化，从长期趋势看，产业转移的过程波动性变化不大，而且不断趋于收敛，最终达到整体的最优均衡状态。③产业“适应度”是转入地和承接地要素之间的高效配置和综合集成，是创新要素空间融合的具体表现形式。产业“适应度”的变化是产业空间在市场环境下竞争、博弈与适应的结果；产业“适应度”高，就会形成承接地的产业集群效应，导致创新要素资源集聚。

（六）对京津冀创新资源优化配置的政策建议

京津冀都市圈是中国人口最稠密、资源密集度最高、科研实力最强的地区，且拥有良好的战略性新兴产业基础。它肩负着领导中国参与新一轮世界科技革命和产业变革的重要使命。但是京津冀三地由于处于发展的不同经济阶段，受传统行政区划和管理体制机制的影响与限制，还存在创新要素分布不平衡、创新资源整合共享不足等问题，还没有形成区域创新统一协调分工的格局。创新链、产业链和资本链的对接融合还不够充分，创新合作机制尚待完善，还没有形成区域一体化的创新生态体系，创新驱动的能量还没有得到充分挖掘和发挥。本书提出了京津冀协同创新要贯彻以企业为主体、政府为引导、产业为依托的路线图，并从强化协同创新支撑、完善区域创新体系和整合区域创新资源等方面对京津冀都市圈创新资源的优化配置提出了具体的对策建议。

二、主要贡献

本书将京津冀创新资源配置同疏解北京非首都功能、推动京津冀协同发展的战略任务结合起来，从创新资源配置效率、配置方式、配置机制和配置路径等方面对创新资源配置进行了系统全面的分析，对建设京津冀协同创新共同体有所裨益。本书的贡献之处主要体现在以下几个方面：

（一）构建了京津冀创新资源配置的理论分析框架

在京津冀协同发展大背景下，本书在界定了创新资源内涵、识别出创新资源配置系统的基础上，基于协同创新理论、系统理论、资源配置理论和空间政治经济学理论，对创新要素、创新主体、创新载体和创新环境进行了系统的论证，构建了区域创新资源配置理论分析框架，指出创新资源配置包含生产的自然属性和社会属性，是两者的辩证统一。创新资源优化配置既要发挥市场在资源配置中的决定性作用，又要更好地发挥政府的作用。京津冀创新资源配置系统应围绕创新资源配置效率、配置方式、配置机制以及配置途径进行展开。

（二）对京津冀创新资源配置效率及其影响因素展开了实证研究

鉴于投影寻踪模型能进行数据降维的特点，本书构建了有效评测创新效率的随机前沿分析（SFA）改进模型，对京津冀创新资源配置效率及其影响因素进行了深入分析，得出京津冀创新资源配置效率的总体特征，弥补了随机前沿分析方法在测量多投入、多产出创新效率问题上的不足。通过引入随机误差项和外生变量，将纯随机误差与无效率值加以区分，采用一步法进行回归，提高了创新资源配置效率测度的准确性。同时基于面板数据，考虑效率随时间变化的影响，可靠性更高。

（三）基于多维邻近性视角对京津冀产学协同创新影响因素进行实证检验

现有研究大部分是从影响产学合作关系形成的绩效（专利数量）展开

微观研究，尚缺乏对影响合作关系过程的研究。本书以是否达成产学合作关系作为研究对象，对影响跨区域产学合作关系的因素进行了系统的理论分析，采用1∶1数据配伍设计，构建了基于共同联合申请专利作为因变量的稀有事件回归（Rare Events Logistic）实证模型，对影响产学合作关系形成的指标变量进行了实证检验，从而弥补了以往基于创新绩效分析和Logistic回归研究的不足。

（四）基于空间政治经济学的理论与方法，对京津冀创新资源集聚与扩散影响产业空间配置的机制进行数理分析

基于产业转移、区域协同创新理论，运用空间政治经济学的理论与方法，对京津冀产业转移动因、转移过程和转移效果进行数理分析。空间政治经济学比“政治经济学”更加强调空间内生化因素，更加强调城市发展和经济集聚对于现代经济增长的意义，同时又比“空间经济学”更强调政治经济学因素所导致的资源误配和空间无效率。因此，本书从一个新的视域，利用空间政治经济学的理论与方法，将“适应度”和“竞争”概念引入创新资源空间配置分析框架，构建了创新要素、产业和空间结构的配置分析框架，对京津冀的创新资源集聚与扩散对产业体系和空间结构的影响机制进行了理论分析，厘清了创新要素资源流动对产业转移的影响机理，可为京津冀协同创新共同体的建设提供政策依据和参考。

第二节　进一步研究的方向

《京津冀协同发展规划纲要》自2015年颁布实施以来，中央和京津冀地方政府出台了很多关于实施创新驱动发展的政策，京津冀协同发展取得了较大进展。但是，京津冀协同发展仍处于一个不断创新、尝试的发展初期。随着首都副中心和雄安新区的建立，创新作为引领发展的第一动力已经得到共识，需要不断加强创新资源的整合，建立和健全高效的京津冀创新资源配置系统。京津冀创新资源配置涉及区域行政体制和社会事业的方方面面，有很多内容需要持续研究。结合本书存在的一些不足，特作以下可进一步研究方向的展望。

第一，本书借鉴投入产出概念，将创新资源配置过程视作一个“黑箱”系统，只重视了输入和输出关系。这种创新资源配置效率评价只是对京津冀创新资源配置总体结果的一个反映，没有关注创新资源配置能力建设，下一步要考虑在提升效率基础上，如何提高对创新资源的吸纳、凝聚、配置和激活的能力，这将对京津冀科技产业变革和提升综合竞争力具有十分重要的现实意义。因此，识别影响创新资源配置能力的关键要素，在效率基础上开展创新资源能力评价将是未来的研究方向。关于创新资源配置效率外生因素的选择，除了本书分析用到的国际贸易强度、地方政府科技支持强度、教育重视水平、企业研发投入、地方经济水平等因素外，可能还有如外资依存度等其他一些影响因素，但由于相关变量研究文献较少，后续的研究将进一步丰富完善这些外生变量。由于河北各地级市统计数据的不一致性，影响了变量的选取，下一步将完善河北各地级市数据，加强对河北各地级市创新资源配置分析，以便更有针对性地对河北各地级市的创新资源进行优化配置。

第二，产学协同创新作为区域创新资源配置的最重要的一种方式，虽然本书分析了地理邻近性、制度邻近性和技术邻近性及其交互作用对产学协同创新合作关系的影响，但没有实证检验这些变量对创新绩效的影响，下一步要考查这些变量对创新合作关系的形成和创新绩效的影响是否相同，可做进一步的比较分析。区域之间合作主体本质上是动态的且不断发生变化，而且区域之间各种维度的邻近性程度也是动态演变的，对协同创新合作无时无刻不发生影响，本书对地理邻近性、制度邻近性和技术邻近性这些变量的动态性考虑不足，未来可进一步研究各种维度邻近性的动态变化对跨区域协同创新合作关系的影响规律。多维邻近性除了地理邻近性、制度邻近性和技术邻近性这三个变量，还有组织邻近性、认知邻近性、社会邻近性和文化邻近性等其他因素也有可能会影响产学合作关系，未来的研究应根据研究主题综合考虑影响因素指标的选择。

第三，本书基于演化经济学视角，运用空间政治经济学的理论与方法，以产业“适应度”作为主要衡量指标，对京津冀创新要素流动对产业转移的影响机理进行了数理分析，将来可以针对不同类型的具体产业，从相对微观的视角进行产业与要素配置结构的匹配关系研究，可以将“适应度”指标具体细化为运输与贸易成本、产业关联性、市场需求、要素集聚、技术外溢以及外部性影响等测量指标，详细讨论创新要素布局在什么地方创新配置效率最高及创新要素布局在哪些产业创新资源规模最优等问题。

第四，本书虽然从企业为主体的协同创新支撑、完善区域创新体系、创新要素资源整合等方面进行了路径设计，对京津冀创新资源配置提出了一些相关政策建议，但对政府的政策、税收机制、产业政策、产业转移的模式和规律等研究得不够深入。由于理论与实践的差异，创新资源配置机制具有复杂性和适应性的特征，要根据实际情况及时调整创新资源优化配置机制及其策略，设计符合现行制度的创新资源配置机制和策略。今后，应多借鉴国际都市圈创新体系建设的经验，更多关注京津冀体制机制改革和雄安创新发展示范区建设等方面的问题，以便为京津冀都市圈提出更加具体、操作性更强的创新资源配置政策建议，从而推进京津冀协同创新共同体的建设，实现京津冀一体化协同发展。

附录 1　随机前沿模型数据

区域	年份	lnY	lnl	lnr	lnl×lnl	lnr×lnr	lnl×lnr	Trade	Gov	Edu	Erd	Gdp
1	1	0. 0300	2. 8391	7. 3301	8. 0604	53. 7309	20. 8108	0. 2075	3. 5500	0. 2449	0. 0140	4. 5315
1	2	−0. 3991	2. 8238	7. 4557	7. 9736	55. 5879	21. 0532	0. 2522	4. 6600	0. 2936	0. 0059	5. 0704
1	3	0. 1408	2. 9317	7. 5887	8. 5950	57. 5878	22. 2479	0. 2411	5. 5000	0. 3013	0. 0297	5. 8752
1	4	0. 1979	2. 9423	7. 7096	8. 6573	59. 4381	22. 6842	0. 2228	5. 7300	0. 2812	0. 0231	6. 2761
1	5	0. 1315	2. 9539	7. 8493	8. 7253	61. 6110	23. 1857	0. 1951	5. 4500	0. 3077	0. 0095	6. 5339
1	6	−0. 1274	2. 9637	8. 0067	8. 7837	64. 1078	23. 7298	0. 1907	6. 5800	0. 3150	0. 0093	7. 1935
1	7	0. 0717	3. 0787	8. 1570	9. 4784	66. 5360	25. 1128	0. 1706	5. 6400	0. 3394	0. 0105	8. 0495
1	8	−0. 3138	3. 1591	8. 3010	9. 9801	68. 9062	26. 2238	0. 1881	5. 4000	0. 3735	0. 0117	8. 6416
1	9	−0. 0726	3. 1872	8. 4357	10. 1581	71. 1610	26. 8861	0. 1722	5. 6000	0. 4121	0. 0114	9. 3621
2	1	−0. 7300	1. 2060	5. 6691	1. 4544	32. 1385	6. 8367	0. 4157	2. 6200	0. 1408	0. 0142	3. 7446
2	2	−0. 6806	1. 3137	5. 8335	1. 7259	34. 0294	7. 6636	0. 4503	2. 7900	0. 1522	0. 0106	4. 1514
2	3	−0. 8085	1. 5019	6. 0039	2. 2556	36. 0467	9. 0170	0. 3677	3. 3100	0. 1574	0. 0012	4. 7110
2	4	−1. 0999	1. 5748	6. 2146	2. 4801	38. 6207	9. 7870	0. 2821	3. 3000	0. 1546	0. 0015	5. 7134
2	5	−1. 4102	1. 6487	6. 4027	2. 7181	40. 9940	10. 5558	0. 2056	3. 0200	0. 1701	0. 0094	6. 1253

续表

区域	年份	lnY	lnl	lnr	lnl×lnl	lnr×lnr	lnl×lnr	Trade	Gov	Edu	Erd	Gdp
2	6	-1. 6187	1. 7716	6. 6100	3. 1384	43. 6922	11. 7100	0. 2143	3. 1400	0. 1748	0. 0107	7. 1012
2	7	-1. 5996	2. 0055	6. 8340	4. 0221	46. 7032	13. 7057	0. 2202	3. 3500	0. 2099	0. 0100	8. 3449
2	8	-1. 6467	2. 1928	7. 0475	4. 8082	49. 6679	15. 4537	0. 2216	3. 6000	0. 2285	0. 0108	9. 1252
2	9	-1. 4272	2. 3046	7. 2482	5. 3111	52. 5369	16. 7042	0. 2378	3. 6000	0. 2305	0. 0112	9. 8111
⋮	⋮	⋮	⋮	⋮	⋮	⋮	⋮	⋮	⋮	⋮	⋮	⋮
29	1	-3. 8956	-0. 3567	3. 2424	0. 1272	10. 5131	-1. 1565	0. 0060	1. 1200	0. 0875	0. 0049	1. 2956
29	2	-4. 2612	-0. 3011	3. 4090	0. 0907	11. 6214	-1. 0265	0. 0034	1. 0100	0. 0869	0. 0023	1. 4855
29	3	-4. 1259	-0. 1165	3. 5757	0. 0136	12. 7858	-0. 4167	0. 0049	1. 6100	0. 0897	0. 0007	1. 6817
29	4	-4. 3990	-0. 1278	3. 8367	0. 0163	14. 7203	-0. 4905	0. 0035	1. 4000	0. 0970	0. 0005	1. 9630
29	5	-4. 5694	0. 2390	4. 1144	0. 0571	16. 9284	0. 9834	0. 0059	1. 2000	0. 0951	0. 0036	1. 9810
29	6	-4. 3653	0. 3646	4. 3654	0. 1330	19. 0571	1. 5918	0. 0051	1. 1900	0. 1064	0. 0039	2. 4885
29	7	-4. 5543	0. 4318	4. 6040	0. 1864	21. 1967	1. 9879	0. 0045	1. 1600	0. 1415	0. 0033	2. 9923
29	8	-4. 6201	0. 4511	4. 8253	0. 2035	23. 2839	2. 1766	0. 0030	1. 2000	0. 1344	0. 0036	3. 3611
29	9	-4. 4106	0. 4574	5. 0199	0. 2092	25. 1993	2. 2962	0. 0036	1. 3000	0. 1285	0. 0036	3. 7296

注：①1~29 代表 29 个省份，顺序如下：北京、天津、河北、山西、内蒙古、辽宁、吉林、黑龙江、上海、江苏、浙江、安徽、福建、江西、山东、河南、湖北、湖南、广东、广西、海南、重庆、四川、贵州、云南、陕西、甘肃、宁夏、新疆；②1~9 代表 2005~2013 年。

附录2　中国区域2005~2013年R&D资本存量

单位：亿元

年份 省份	2005	2006	2007	2008	2009	2010	2011	2012	2013
北京	1525.50	1728.81	2017.88	2197.40	2669.70	3281.30	3739.75	4245.70	4731.58
天津	240.20	299.41	369.19	469.53	577.57	720.49	910.18	1134.14	1392.11
河北	206.28	252.00	304.22	367.70	447.38	535.73	656.71	803.97	965.24
山西	86.99	110.28	142.99	184.10	237.35	291.62	361.27	439.43	528.50
内蒙古	34.21	45.57	62.93	87.39	126.35	171.12	230.62	297.48	370.05
辽宁	475.61	540.06	624.45	720.86	845.10	1005.80	1218.76	1426.82	1658.73
吉林	157.87	175.11	199.72	222.60	270.57	305.78	349.05	406.49	465.21
黑龙江	190.08	218.60	251.85	300.77	364.83	433.14	496.95	568.37	647.89
上海	784.38	925.56	1094.19	1285.45	1516.01	1770.31	2102.47	2466.56	2873.36
江苏	908.97	1118.69	1381.09	1754.84	2193.56	2722.48	3379.62	4160.53	5023.90
浙江	564.50	703.85	879.88	1092.46	1327.43	1622.55	1977.25	2403.25	2860.03
安徽	142.46	180.43	225.16	289.70	382.20	488.59	629.94	817.25	1046.74
福建	177.80	218.56	267.95	329.68	415.61	524.17	667.06	837.99	1026.36
江西	100.07	122.82	153.18	193.36	240.24	291.36	344.40	406.40	480.94
山东	642.40	780.17	975.45	1262.85	1593.02	2026.06	2566.52	3201.88	3897.39
河南	180.26	233.06	299.23	376.63	494.89	631.83	801.54	992.09	1198.60
湖北	247.49	304.80	370.40	463.83	607.71	780.67	986.58	1223.11	1485.85
湖南	139.59	172.27	219.98	299.69	408.23	533.56	686.74	871.41	1067.73
广东	806.02	998.16	1252.73	1567.38	1985.25	2496.21	3167.27	3928.33	4782.53
广西	45.70	57.08	70.52	92.77	126.06	170.02	225.53	288.85	353.21
海南	4.72	6.11	7.80	9.98	14.26	19.14	26.64	36.36	45.75
重庆	107.61	128.38	156.11	192.85	243.38	307.14	389.43	490.82	593.68

续表

省份\年份	2005	2006	2007	2008	2009	2010	2011	2012	2013
四川	352. 29	407. 29	485. 33	572. 79	701. 33	860. 40	1025. 44	1222. 49	1439. 08
贵州	39. 86	48. 39	54. 87	65. 57	82. 14	99. 79	121. 13	144. 69	170. 17
云南	80. 15	89. 05	101. 57	117. 33	136. 96	160. 58	192. 58	232. 44	277. 41
陕西	348. 65	397. 71	459. 76	534. 07	643. 47	764. 45	899. 13	1051. 46	1236. 49
甘肃	75. 90	88. 46	100. 91	117. 58	137. 20	158. 56	183. 31	216. 29	250. 77
宁夏	10. 20	13. 64	19. 07	23. 76	30. 63	37. 55	47. 24	58. 38	70. 52
新疆	20. 27	25. 71	31. 87	43. 10	58. 44	76. 32	97. 87	122. 92	149. 94

注：①$R_t = E_t + (1-15\%)R_{t-1}$；②$R_0 = E_1/(g+15\%) = E_0(1+g)/(g+15\%)$；③$g = (E_{2014}/E_{2005})^{1/9}-1$。$E_0$为基准年 2005 年的 R&D 支出；$g$ 为基准年以后 R&D 经费支出的平均增长率。

附录3　中国2008～2017年区域创新能力综合效用值

年份 省域	2017	2016	2015	2014	2013	2012	2011	2010	2009	2008
北京	52.56	52.61	50.45	50.11	50.73	46.11	50.31	47.92	53.19	52.2
上海	44.81	46.04	45.62	46.59	47.18	42.28	49.98	46.23	52.44	52.99
天津	33.71	34.15	36.49	36.61	36.13	34.09	38.29	35.89	37.44	37.24
重庆	30.05	32.04	32.99	32.9	33.88	28.08	30.77	29.85	29.53	27.44
河北	20.50	20.89	21.14	20.88	23.02	26.67	24.44	23.26	25.2	22.54
山西	17.93	18.17	20.61	21.2	21.68	20.68	23.16	23.83	24.69	23.01
内蒙古	18.32	18.22	21.44	19.23	23.73	26.18	23.49	20.46	21.87	20.35
黑龙江	19.51	21.16	20.65	21.22	23.55	24.61	24.05	22.84	27.67	25.28
吉林	19.00	18.53	18.95	20.69	22.64	20.76	27.14	22.2	24.37	26.61
辽宁	22.26	24.46	26.88	27.19	28.85	31.28	31.77	28.93	33.02	32.11
陕西	26.05	29.29	27.14	26.86	27.68	27.84	29.8	27.79	29.12	28.21
甘肃	20.82	22.06	21.68	23.58	22.2	19.7	22.41	19.83	20.93	19.21
青海	18.13	15.78	17.71	16.19	17.65	17.62	18.41	16.3	18.99	18.05
新疆	20.04	19.86	18.04	18.49	20.39	20.32	20.81	20.38	22.93	19.17
宁夏	20.68	20.04	18.52	17.64	20.32	16.8	18.72	20.89	20.16	18.12
山东	33.77	36.29	37.49	37.93	37.73	36.71	39.04	37.34	40.41	37.96
河南	24.23	26.44	25.9	24.33	26.21	25.26	27.05	25.96	28.4	26.8
江苏	53.30	57.20	58.01	58.86	57.58	53.84	55.49	52.27	55.63	48.81
浙江	37.66	37.94	42.05	41.46	42.4	38.48	42.83	41.23	44.61	41.09
安徽	28.36	30.02	29.86	30.47	29.75	30.08	27.81	28.56	31.92	28.51
江西	22.04	21.85	23.34	21.86	23.53	24.32	24.52	22.07	25.82	24.48
福建	25.77	27.20	29.25	28.8	29.33	26.48	28.62	24.16	29.86	28.16

续表

年份 省域	2017	2016	2015	2014	2013	2012	2011	2010	2009	2008
湖北	29.35	29.07	28.59	28.82	28.71	28.35	29.35	30.61	32.76	29.6
湖南	26.63	27.77	29.01	28.59	28.25	28.45	29.81	29.79	28.94	27.67
广东	55.24	53.62	52.71	52.44	53	49.38	54.88	51.89	53.65	52.65
广西	21.19	22.81	23.62	22.3	23.06	22.67	23.41	22.56	22.7	20.87
海南	22.49	25.68	28.03	26.79	24.1	23.3	21.46	21.95	21.31	23.4
四川	27.52	29.08	26.39	26.98	27.16	28.35	31.07	29.95	33.61	29.1
云南	20.43	19.72	20.3	21.13	21.32	19.37	21.78	20.74	24.32	21.69
贵州	22.19	25.64	21.22	20.41	22.6	20.77	22.62	19	23.31	21.13
西藏	17.70	17.16	17.09	17.77	17.39	17.43	18.02	18.43	18.13	17.77

注：每年区域创新能力指标均是基于两年前的数据，例如，2017 年所采用的区域创新能力指标基本是 2015 年的创新数据。

资料来源：中国区域创新能力报告（中国科技发展战略研究小组编制）。

附录 4　京津冀 2000~2016 年产学合作基本情况

大学	合作企业数量（家）	合作专利总数（件）	平均专利数量（件）	地理邻近均值	制度邻近均值	技术邻近均值
清华大学	225	780	3. 47	0. 6115	10. 672	0. 0629
北京大学	37	81	2. 19	0. 6353	10. 77	0. 0792
北京航空航天大学	49	111	2. 26	0. 5962	10. 70	0. 1192
北京师范大学	5	89	17. 80	0. 8999	11. 87	0. 0636
中国农业大学	17	29	1. 71	0. 5027	11. 08	0. 1235
北京理工大学	27	78	2. 89	0. 4567	11. 53	0. 0549
北京科技大学	65	140	2. 15	0. 5200	10. 79	0. 0525
北京交通大学	37	100	2. 70	0. 5669	11. 79	0. 0794
北京化工大学	50	122	2. 44	0. 1895	10. 56	0. 0936
北京邮电大学	46	139	3. 02	0. 5545	10. 68	0. 4965
北京工业大学	62	122	1. 97	0. 1969	11. 19	0. 0654
中国石油大学	44	149	3. 38	0. 3645	11. 93	0. 1128
首都师范大学	7	26	3. 71	0. 9293	11. 30	0. 2890
华北电力大学	47	253	5. 38	0. 2343	10. 75	0. 1693
北方工业大学	7	16	2. 29	0. 2933	12. 25	0. 1074
南开大学	52	126	2. 42	0. 1394	9. 58	0. 0705
天津大学	85	157	1. 85	0. 1475	10. 23	0. 0552
天津工业大学	14	29	2. 07	0. 0717	10. 97	0. 0586
天津科技大学	34	62	1. 82	0. 0674	10. 44	0. 0924
天津理工大学	7	18	2. 57	0. 0329	11. 10	0. 0336
燕山大学	6	17	2. 83	0. 7655	7. 81	0. 0705
河北大学	8	19	2. 38	0. 0043	7. 26	0. 0631
河北工业大学	20	72	3. 60	0. 1584	9. 65	0. 0354

续表

大学	合作企业数量（家）	合作专利总数（件）	平均专利数量（件）	地理邻近均值	制度邻近均值	技术邻近均值
河北农业大学	11	40	3.64	0.4046	8.17	0.1069
河北科技大学	13	31	2.38	0.4235	7.70	0.0634
石家庄铁道大学	10	42	4.20	0.2410	7.71	0.0853
河北联合大学	2	22	11.00	0.0945	8.31	0.0455
河北工程大学	3	17	5.67	0.7066	8.28	0.0452
合计	990	2887	3.7	0.3860	10.18	0.0998

参考文献

[1] Aigner, J., Lovell, K., Schmidt, P. Formulation and estimation of stochastic frontier production function models [J]. Journal of Econometric, 1977, 6 (1): 21-37.

[2] Asheim, B. T., Coenen, L. Knowledge bases and regional innovation systems: Comparing Nordic clusters [J]. Research Policy, 2005, 34 (5): 1173-1190.

[3] Autio, E. Evaluation of RTD in regional systems of innovation [J]. European Planning Studies, 1998, 6 (2): 131-140.

[4] Balland, P. A. Proximity and the evolution of collaboration networks: Evidencefrom research and development projects within the Global Navigation Satellite System (GNSS) industry [J]. Regional Studies, 2012, 46 (6): 741-756.

[5] Battese, G. E., Coelli, T. J. A model for technical inefficiency effects in a stochastic frontier production function for panel data [J]. Empirical Economics, 1995, 20 (2): 325-332.

[6] Battke, B., Schmidt, T. S., Stollenwerk, S., Hoffmann, V. H. Internal or external spillovers—Which kind of knowledge is more likely to flow within or across technologies [J]. Research Policy, 2016, 45 (1): 27-41.

[7] Blanc, H., Sierra, C. The internationalisation of R&D by multinationals: A trade-off between external and internal proximity [J]. Cambridge Journal of Economics, 1999, 23 (2): 187-206.

［8］ Boschma，R. Proximity and innovation：A critical assessment ［J］. Regional Studies，2005，39 （1）：61–71.

［9］ Boschma，R.，Frenken，K. The spatial evolution of innovation networks：A proximity perspective ［M］. The Handbook of Evolutionary Economic Geography，2010：120–135.

［10］ Cameron，A. C.，Trivedi，P. K. Econometric models based on count data：Comparisons and applications of some estimators and tests ［J］. Journal of Applied Econometrics，1986 （1）：29–53.

［11］ Cantner，U.，Meder，A. Technological proximity and the choice of cooperation partner ［J］. Journal of Economic Interaction and Coordination，2007，2 （1）：45–65.

［12］ Capron，H.，Cincera，M. Industry–university S&T transfers：What can we learn from Belgian CIS–2data? ［J］. Brussels Economic Review，2003，46 （3）：59–86.

［13］ Cassi，L.，Plunket，A. Proximity，network formation and inventive performance：In search of the proximity paradox ［J］. Ann Reg Sci，2014 （53）：395–422.

［14］ Cassi，L.，Plunket，A. Research collaboration in co–inventor networks：Combining closure，bridging and proximities ［J］. Regional Studies，2015，49 （6）：936–954.

［15］ Castells，M. City，class and power ［M］. Palgrave，London，1978.

［16］ Chesbrough，H. Open Innovation：The New Imperative for Creating and Profiting from Technology ［M］. Massachusetts：Harvard Business Press，2003.

［17］ Christaller，W. Central places in southern Germany ［M］. Prentice–Hall，1966.

［18］ Clarysse，B.，Wright，M.，Velde，E. V. Entrepreneurial origin，technological knowledge，and the growth of spin–off companies ［J］. Journal of Management Studies，2011，48 （6）：1420–1440.

［19］ Cochran, W. G. The effectiveness of adjustment by subclassification in removing bias in observational studies ［J］. Biometrics, 1968 (24): 295-313.

［20］ Cohen, W. M., Nelson, R. R., Walsh, J. P. Links and impacts: The influence of public research on industrial R&D ［J］. Management Science, 2002, 48 (1): 1-23.

［21］ Cooke, P. N., Boekholt, P., Tödtling, F. The Governance of Innovation in Europe ［M］. London: Pinter, 2000.

［22］ Cooke, P. Regional innovation systems: General findings and some new evidence from biotechnology clusters ［J］. The Journal of Technology Transfer, 2002, 27 (1): 133-145.

［23］ Cooke, P., Morgan, K. Learning through networking: Regional innovation and the lessons of Baden-Württemberg ［M］. Cardiff: Regional Industrial Research, 1990.

［24］ Correa, C. M. Trends in technology transfer: Implications for developing countries ［J］. Science and Public Policy, 1994, 21 (6): 369-380.

［25］ Davenport, S. Exploring the role of proximity in SME knowledge-acquisition ［J］. Research Policy, 2005, 34 (5): 683-701.

［26］ David, Harvey. The Limits to Capital ［M］. London Verso, 2006: 140-143.

［27］ De Dreu, C. K., West, M. A. Minority dissent and team innovation: The importance of participation in decision making ［J］. Journal of Applied Psychology, 2001, 86 (6): 1191-1201.

［28］ Debreu, G. The Coerricient of Resource Utilization ［J］. Econometrica, 1951, 19 (3): 273-292.

［29］ Delisle, F., Shearmur, R. Where does all the talent flow? Migration of young graduates and nongraduates, Canada 1996-2001 ［J］. The Canadian Geographer/Le Géographe Canadien, 2010, 54 (3): 305-323.

［30］ Dunning, J. H. The determinants of international production ［J］. Oxford

Economic Papers, 1973, 25 (3): 289-336.

[31] Dunning, J. H. Trade, location of economic activity and the MNE: A search for an eclectic approach [J]//The international allocation of economic activity [M]. Palgrave Macmillan, London, 1977: 395-418.

[32] Duranton, G., Puga, D. From sectoral to functional urban specialisation [J]. Journal of urban Economics, 2005, 57 (2): 343-370.

[33] Ejermo, O., Karlsson, C. Interregional inventor networks as studied by patent co-inventor ships [J]. Research Policy, 2006, 35 (3): 412-430.

[34] Enright, M. Regional clusters and firm strategy [J]//Alfred D., Chandler, Orjan Solvell, Peter Hagstrom (eds.). The dynamic firm: The role of technology, strategy, organization and regions. Oxford University press, 1999.

[35] Eom, B. Y., Lee, K. Determinants of industry-academy linkages and their impact on firm performance: The case of Korea as a latecomer in knowledge industrialization [J]. Research Policy, 2010, 39 (5): 625-639.

[36] Fan, F., Du, D., Wang, X. The measure and characteristics of spatial-temporal evolution of China's science and technology resource allocation efficiency [J]. Journal of Geographical Sciences, 2014, 24 (3): 492-508.

[37] Farrell, M. J. The Measurement of Productive Efficiency [J]. Journal of the Royal Statistical Society, 1957, 20 (3): 253-281.

[38] Feldman, M. P. The geography of innovation (economics of science, technology and innovation) [M]. The Netherland: Kluwer Academic Publisners, 1994.

[39] Fontana, R., Geuna, A., Matt, M. Factors affecting university-industry R&D projects: The importance of searching, screening and signaling [J]. Research Policy, 2006, 35 (2): 309-323.

[40] Foster, C. L. Managing the flow of talent through organizations - a boundary-less model [J]. Development and Learning in Organizations: An International Journal, 2015, 29 (1): 15-19.

[41] Friedmann, J. Poor regions and poor nations: Perspectives on the problem of appalachia [J]. Southern Economic Journal, 1966: 465-473.

[42] Friedmann, J. The spatial organization of power in the development of urban systems [J]. Development and Change, 1973, 4 (3): 12-50.

[43] Fritsch, M., Franke, G. Innovation, regional knowledge spill-overs and R&D cooperation [J]. Research Policy, 2004, 33 (2): 245-255.

[44] Fujita, M., Thisse, J. F. Economics of agglomeration [J]. Journal of the Japanese and International Economies, 1996, 10 (4): 339-378.

[45] Gao, J., Jefferson, G. H. Science and technology take-off in China? Sources of rising R&D intensity [J]. Asia Pacific Business Review, 2007, 13 (3): 357-371.

[46] Geldes, C., Felzensztein, C., Turkina, E., Durand, A. How does proximity affect interfirm marketing cooperation? A study of an agribusiness cluster [J]. Journal of Business Research, 2015, 68 (2): 263-272.

[47] Ginsberg, H. S. Identification and classification of adenoviruses [J]. Virology, 1962, 18 (2): 312-319.

[48] Giuliani, E., Arza, V. What drives the formation of "valuable" university-industry linkages insights from the wine industry [J]. Research Policy, 2009 (38): 906-921.

[49] Goerzen, A., Beamish, P. W. The effect of alliance network diversity on multinational enterprise performance [J]. Strategic Management Journal, 2005, 26 (4): 333-354.

[50] Goto, A., K. Suzuki. R&D Capital, rate of return on R&D investment and spillovers of R&D in Japanese manufacturing industries [J]. Review of Economics and Statistics, 1989 (4): 555-564.

[51] Gottmann, J. Megalopolis or the urbanization of the northeastern seaboard [J]. Economic Geography, 1957, 33 (3): 189-200.

[52] Griliches, Z. R&D and productivity slowdown [J]. American Economic

Review, 1980 (70): 343-348.

[53] Harvey, W. S., Groutsis, D. Reputation and talent mobility in the Asia Pacific [J]. Asia Pacific Journal of Human Resources, 2015, 53 (1): 22-40.

[54] Hewitt-Dundas, N. The role of proximity in university-business cooperation for innovation [J]. The Journal of Technology Transfer, 2013, 38 (2): 93-115.

[55] Hoekman, J., Frenken, K., Tijssen, R. J. Research collaboration at a distance: Changing spatial patterns of scientific collaboration within Europe [J]. Research Policy, 2010, 39 (5): 662-673.

[56] Hong, W., Su, Y. S. The effect of institutional proximity in non-local university-industry collaborations: An analysis based on Chinese patent data [J]. Research Policy, 2013, 42 (2), 454-464.

[57] Hoover, E. M. The location of economic activity [M]. New York: Mcgraw-Hill, 1948.

[58] Hung, C. Y., Chang, Y. N., Hsu, C. P., Yang, J. R. An innovative method of project management: A new concept on talent flow [J]. Journal of Statistics and Management Systems, 2007, 10 (5): 757-783.

[59] Hymer, S. H. The international operations of national firms: A study of direct foreign investment [M]. The MIT Press, 1976.

[60] Isard, W. Location and space-economy [M]. The MIT Press, 1956: 101-103.

[61] Jaffe, A. B. Technological opportunity and spillovers of R&D: Evidence from firms' patents, profits, and market values [J]. American Economic Review, 1986, 76 (5): 984-1002.

[62] Katz, J. S. Geographic proximity and scientific collaboration [J]. Scientometrics, 1994, 31 (1): 31-43.

[63] King, G., Zeng, L. Logistic regression in rare events data [J]. Political Analysis, 2001, 9 (2): 137-163.

[64] Knoben, J., Oerlemans, L. A. Proximity and inter - organizational collaboration: A literature review [J]. International Journal of Management Reviews, 2006, 8 (2): 71-89.

[65] Koopmans, T. C. An Analysis of Production as an Efficient Combination of Activities [A]//Activity Analysis of Production and Allocation [C]. New York: Wiley, 1951.

[66] Krugman, P. Increasing returns and economic geography [J]. Journal of Political Economy, 1991, 99 (3): 483-499.

[67] Krumme, G., Hayter, R. Implications of corporate strategies and product cycle adjustments for regional employment changes [J]. Locational Dynamics of Manufacturing Activity, 1975: 325-356.

[68] Lagendijk, A., Lorentzen, A. Proximity, knowledge and innovation in peripheral regions. On the intersection between geographical and organizational proximity [J]. European Planning Studies, 2007, 15 (4): 457-466.

[69] Laursen, K., Reichstein, T., Salter, A. Exploring the effect of geographical proximity and university quality on university-Industry collaboration in the United Kingdom [J]. Regional Studies, 2011, 45 (4): 507-523.

[70] Lederman, D. Innovation and Development around the World, 1960-2000 [J]. Policy Research Working Papers, 2013.

[71] Lefebvre, H., Nicholson-Smith, D. The production of space [M]. Wiley Blackwell, 1991.

[72] Leibenstein, H. Allocative efficiency vs. x-efficiency [J]. American Econimic Review, 1966, 56 (3): 392-415.

[73] Liang, L. M., Zhu, L. Major factors affecting China's inter-regional research collaboration [J]. Regional Scientific Productivity and Geographical Proximity Scientometrics, 2002, 55 (2): 287-316.

[74] Lösch, A. The economics of location, 1954 [M]. New Haven: Yale University Press, 1940.

[75] Lyons, D. Embeddednes milieu and innovation among high techfixms [J]. Environment and Planning, 2000 (32): 891-908.

[76] Magnani, E. How does technological innovation and diffusion affect inter-industry workers' mobility? [J]. Structural Change and Economic Dynamics, 2009, 20 (1): 16-37.

[77] Malmberg, A., Maskell, P. The elusive concept of localization economies: Towards a knowledge-based theory of spatial clustering [J]. Environment and Planning A: Economy and Space, 2002, 34 (3): 429-449.

[78] Mansfield, E., Lee, J. Y. The modern university: Contributor to industrial innovation and recipient of industrial R&D supported [J]. Research Policy, 1996, 25 (7): 1047-1058.

[79] Marinelli, E. Sub-national graduate mobility and knowledge flows: An exploratory analysis of onward-and return-migrants in Italy [J]. Regional Studies, 2013, 47 (10): 1618-1633.

[80] Meeusen, W., Broeck, J. Vanden. Efficiency estimation from Cobb-Douglas production functions with composed error [J]. International Economic Review, 1977, 18 (2): 435-444.

[81] Meijers, E. Polycentric urban regions and the quest for synergy: Is a network of cities more than the sum of the parts? [J]. Urban Studies, 2005, 42 (4): 765-781.

[82] Messeni Petruzzelli, A., Albino, V., Carbonara, N. Technology districts: Proximity and Knowledge Access [J]. Journal of Knowledge Management, 2007, 11 (5): 98-114.

[83] Miguélez, E., Moreno, R. Knowledge flows and the absorptive capacity of regions [J]. Research Policy, 2015, 44 (4): 833-848.

[84] Mowery, D. C., Oxley, J. E., Silverman B. S. Technological overlap and inter firm cooperation: Implications for the resource-based view of the firm [J]. Research Policy, 1998, 27 (5): 507-523.

[85] Myrdal, G., Sitohang, P. Economic theory and under-developed regions, 1957.

[86] Narula, R., Santangelo, G. D. Location, collocation and R&D alliances in the European ICT industry [J]. Research Policy, 2009, 38 (2): 393-403.

[87] Nelson, R. R. Rosenberg N. National innovation systems: A comparative analysis [M]. Oxford University Press, 1993.

[88] Nieto, M. J., Santamaria, L. The importance of diverse collaborative networks for the novelty of product innovation [J]. Technovation, 2007, 27 (6-7): 367-377.

[89] Paci, R., Usai, S. Externalities, knowledge spillovers and the spatial distribution of innovation [J]. Geo Journal, 1999, 49 (4): 381-390.

[90] Peirce, N. R., Johnson, C. W., Hall, J. S. Citistates: How urban America can prosper in a competitive world washington [M]. Washington, DC: Seven Locks Press, 1993: 127.

[91] Perroux, F. Economic space: Theory and applications [J]. The Quarterly Journal of Economics, 1950, 64 (1): 89-104.

[92] Petruzzelli, A. M. The impact of technological relatedness, priorties, and geographical distance on university-industry collaborations: A joint-patent analysis [J]. Technovation, 2011, 31 (7): 309-319.

[93] Phelps, N. A. Cluster genesis: Technology-based industrial development [J]. Economic Geography, 2008, 84 (2): 245-246.

[94] Ponds, R., Oort, F., Frenken, K. The geographical and institutional proximity of research collaboration [J]. Papers in Regional Science, 2007, 86 (3): 423-445.

[95] Richardson, H. W. Regional growth theory [M]. London: Macmillan, 1973.

[96] Rothwell, Ii. Successful industrial innovation: Critical factors for the 1990s [J]. R&D Management, 1992 (22): 221-222.

[97] Schwartz, M., Peglow, F., Fritsch, M., Günther, J. What drives innovation output from subsidized R&D cooperation? Project-level evidence from Germany [J]. Technovation, 2012, 32 (6): 358-369.

[98] Selim, S., Bursalioglu, S. A. Analysis of the determinants of universities efficiency in turkey: Application of the data envelopment analysis and panel Tobit model [J]. Procedia-Social and Behavioral Sciences, 2013 (89): 895-900.

[99] Shinn, T., Lamy, E. Paths of commercial knowledge: Forms and consequences of university-enterprise synergy in scientist-sponsored firms [J]. Research Policy, 2006, 35 (10): 1465-1476.

[100] Singh, J., Marx, M. Geographic constraints on knowledge spillovers: Political borders vs. spatial proximity [J]. Management Science, 2013, 59 (9): 2056-2078.

[101] Sorenson, O., Stuart, T. E. Syndication networks and the spatial distribution of venture capital investment [J]. American Journal of Sociology, 2001, 106 (6): 1546-1588.

[102] Steinmo, M., Rasmussen, E. How firms collaborate with public research organizations: The evolution of proximity dimensions in successful innovation projects [J]. Journal of Business Research, 2016, 69 (3): 1250-1259.

[103] Torre, A., Rallet, A. Proximity and Localization [J]. Regional Studies, 2005, 39 (1): 47-59.

[104] Ullman, E. L. The role of transportation and the bases for interaction [M]. Chicago: University of Chicago Press, 1956: 862-880.

[105] Vence-Deza, X., González-López, M. Regional concentration of the knowledge-based economy in the EU: Towards a renewed oligocentric model? [J]. European Planning Studies, 2008, 16 (4): 557-578.

[106] 阿尔弗雷德·韦伯. 工业区位论 [M]. 李刚剑, 陈志人, 张英保译. 北京: 商务印书馆, 1997: 64-69.

[107] 爱德华·W. 苏贾. 后现代地理学——重申批判社会理论中的空

间［M］. 北京：商务印书馆，2007：193-197.

［108］安虎森. 新经济地理学原理（第二版）［M］. 北京：经济科学出版社，2009.

［109］安纳利·萨克森宁. 地区优势：硅谷和 128 公路地区的文化与竞争［M］. 上海：上海远东出版社，1999.

［110］白俊红，江可申，李婧. 应用随机前沿模型评测中国区域研发创新效率［J］. 管理世界，2009（10）：51-61.

［111］保罗·克鲁格曼. 发展、地理学与经济理论［M］. 蔡荣译. 北京：北京大学出版社，2000.

［112］曹霞，于娟. 创新驱动视角下中国省域研发创新效率研究——基于投影寻踪和随机前沿的实证分析［J］. 科学学与科学技术管理，2015，36（4）：124-132.

［113］曾国屏，谭文华. 国际研发和基础研究强度的发展轨迹及其启示［J］. 科学学研究，2003（2）：154-156.

［114］常盤文克. 创新之道：日本制造业的创新文化［M］. 董旻静译. 北京：知识产权出版社，2007：31.

［115］陈东，樊杰. 区际资本流动与区域发展差距——对中国银行间信贷资本流动的分析［J］. 地理学报，2011，66（6）：723-731.

［116］陈光华，杨国梁. 边界效应对跨区域产学研合作创新绩效的影响研究——来自广东省的证据［J］. 研究与发展管理，2015，27（1）：92-99.

［117］陈宏愚. 关于区域科技创新资源及其配置分析的理性思考［J］. 中国科技论坛，2003（5）：36-38.

［118］陈健，何国祥. 区域创新资源配置能力研究［J］. 自然辩证法研究，2005，21（3）：78-82.

［119］陈劲，阳银娟. 协同创新的理论基础与内涵［J］. 科学学研究，2012，30（2）：161-164.

［120］陈岩，翟瑞瑞，张斌. 科技资源配置、协同效应与企业创新绩效［J］. 财经论丛，2014（3）：68-76.

[121] 程强．产学研伙伴异质性对企业合作创新绩效的影响研究［D］．华南理工大学硕士学位论文，2015.

[122] 赤松要．我国产业发展的雁行形态：以机械仪表工业为例［J］．一桥论丛，1956（36）：5.

[123] 党兴华，弓志刚．多维邻近性对跨区域技术创新合作的影响——基于中国共同专利数据的实证分析［J］．科学学研究，2013，31（10）：1590-1600.

[124] 刁丽琳，朱桂龙．区域产学研合作活跃度的空间特征与影响因素［J］．科学学研究，2014，32（11）：1679-1688.

[125] 丁建军．产业转移的新经济地理学解释［J］．财经科学，2011（1）：35-42.

[126] 杜能．孤立国同农业和国民经济的关系［M］．吴衡康译．北京：商务印书馆，1997：35-42.

[127] 樊纲，王晓鲁，朱恒鹏．中国市场化指数——各地区市场化相对进程 2011 年报告［M］．北京：经济科学出版社，2011.

[128] 樊霞，朱桂龙．区域创新网络的结点联结及其创新效率评价——以广东省为例［J］．工业技术经济，2008，27（12）：54-58.

[129] 范柏乃，段忠贤，江蕾．创新政策研究述评与展望［J］．软科学，2012（11）：43-47.

[130] 范德成，杜明月．高端装备制造业技术创新资源配置效率及影响因素研究——基于两阶段 StoNED 和 Tobit 模型的实证分析［J］．中国管理科学，2018，26（1）：13-24.

[131] 冯之俊．国家创新系统的理论与政策［M］．北京：清华大学出版社，1999.

[132] 付强，赵小勇．投影寻踪模型原理及其应用［M］：北京：科学出版社，2006.

[133] 付晓东，蒋雅伟．基于根植性视角的我国特色小镇发展模式探讨［J］．中国软科学，2017（8）：102-111.

[134] 傅家骥. 技术创新学［M］．北京：清华大学出版社，2007.

［135］高汝熹，罗明义．城市圈域经济论［M］．昆明：云南大学出版社，1998.

［136］顾新．区域网络系统管理［M］．郑州：河南大学出版社，2005.

［137］郭斌，谢志宇，吴惠芳．产学合作绩效的影响因素及其实证分析［J］．科学学研究，2003（s1）：140-147.

［138］韩启德．充分发挥市场在配置科技资源中的作用［J］．求是，2014（18）：6-8.

［139］何郁冰．产学研协同创新的理论模式［J］．科学学研究，2012（2）：165-174.

［140］胡汉辉，赵红英，陈金丹．基于价值链分割的产业集群不完全转移及升级研究：以南京大明路汽车销售与服务产业集群为例［J］．科学学与科学技术管理，2013，34（3）：109-115.

［141］胡志坚，苏靖．区域创新系统理论的提出与发展［J］．中国科技论坛，1999，15（6）：21-23.

［142］华海岭，吴和成．地域大中型工业企业创新资源配置效率研究［J］．中国科技论坛，2011（6）：79-86.

［143］黄海霞，张治河．基于DEA模型的我国战略性新兴产业科技资源配置效率研究［J］．中国软科学，2015（1）：150-159.

［144］黄金川，林浩曦，漆潇潇．空间管治视角下京津冀协同发展类型区划［J］．地理科学进展，2017，36（1）：46-57.

［145］黄利春．要素集聚、产业体系与产业空间结构［J］．桂海论丛，2017，33（3）：55-61.

［146］黄鲁成．关于区域创新系统研究内容的探讨［J］．科研管理，2000，21（2）：43-48.

［147］黄世政，周家贤，朱炎亮．技术创新能力对创新资源与企业绩效关系的中介效应——以珠三角制造业为例［J］．科技进步与对策，2017，34（23）：64-69.

［148］蒋春燕，赵曙明．社会资本和公司企业家精神与绩效的关系：

组织学习的中介作用 [J]. 管理世界，2006 (10)：90-99.

[149] 蒋兴华，张征，邓飞其等．区域产业自主创新体系建设及其对策研究 [J]. 科技管理研究，2008，28 (7)：34-36.

[150] 解学梅．都市圈协同创新机理研究：基于协同学的区域创新观 [J]. 科学技术哲学研究，2011，28 (1)：95-99.

[151] 解学梅．协同创新效应运行激励研究：一个都市圈视角 [J]. 科学学研究，2013，31 (12)：1907-1920.

[152] 凯文·摩根，孙宽平．制度创新与欠优势地区的经济复兴 [J]. 经济社会体制比较，2003 (2)：43-51.

[153] 赖红波．设计驱动型创新系统构建与产业转型升级机制研究 [J]. 科技进步与对策，2017，34 (23)：71-76.

[154] 李鸿禧，迟国泰．基于 DEA-t 检验的以企业为主体的科技创新效率评价 [J]. 中国管理科学，2016，24 (11)：109-119.

[155] 李健，杨丹丹，高杨．面向区域自主创新的科技资源配置模式研究 [J]. 科学管理研究，2013，31 (6)：13-16.

[156] 李凯，刘涛，曹广忠．城市群空间集聚和扩散的特征与机制——以长三角城市群、武汉城市群和成渝城市群为例 [J]. 城市规划，2016，40 (2)：18-26，60.

[157] 李兰冰．区域创新网络的多层次发展动因与演进机制研究 [J]. 科技进步与对策，2008，25 (11)：45-48.

[158] 李平华，于波．城市区位研究的回顾与评述 [J]. 城市问题，2008，136 (8)：15-35.

[159] 李晓娣，陈家婷．FDI 对区域创新系统演化的驱动路径研究——基于结构方程模型的分析 [J]. 科学学与科学技术管理，2014，35 (8)：39-48.

[160] 李晓西．东部产业转移趋势与承接机遇 [J]. 中国国情国力，2009 (2)：4-8.

[161] 李瑶．政府和市场在科技资源中的协调机制分析 [J]. 中国市场，2014 (26)：50-51.

［162］廉军伟，曾刚，滕堂伟．基于经济联系强度的中心城市功能扩散差异性研究——以杭州都市圈中心城市与紧密层城市为例［J］．地域研究与开发，2017，36（6）：54-58.

［163］梁琦，黄利春．要素集聚的产业地理效应［J］．广东社会科学，2014（4）：5-13.

［164］梁琦．产业集聚论［M］．北京：商务印书馆，2004：100-101.

［165］梁琦．分工、集聚与增长［M］．北京：商务印书馆，2009.

［166］梁琦．关于空间经济研究的若干认识［J］．广东社会科学，2010（4）：5-11.

［167］梁琦．空间经济学：过去、现在与未来——兼评《空间经济学：城市、区域与国际贸易》［J］．经济学（季刊），2005（3）：1067-1086.

［168］梁正．从科技政策到科技与创新政策——创新驱动发展战略下的政策范式转型与思考［J］．科学学研究，2017，35（2）：170-176.

［169］林迎星．国外区域创新系统研究综述［J］．中国科技论坛，2004，6（11）：65-69.

［170］刘秉镰，孙哲．京津冀区域协同的路径与雄安新区改革［J］．南开大学学报（哲学社会科学版），2017（4）：12-21.

［171］刘玲利．科技资源配置机制研究［J］．经济纵横，2009（2）：24-26.

［172］刘强．科技资源配置过程中的市场和投资行为分析［J］．洛阳师范学院学报，2000，19（2）：41-53.

［173］刘曙光，田丽琴．区域创新发展的模式与国际案例研究［J］．世界地理研究，2001，10（1）：20-23.

［174］刘思明．中国区域创新能力驱动因素实证研究［D］．中国人民大学博士学位论文，2012.

［175］刘枭，黄桂英．都市圈研究回顾与展望［J］．经济研究参考，2014（61）：77-83.

［176］刘志迎，单洁含．技术距离、地理距离与大学—企业协同创新效

应——基于联合专利数据的研究 [J]. 科学学研究, 2013, 31 (9): 1331-1337.

[177] 柳卸林, 孙海鹰, 马雪梅. 基于创新生态观的科技管理模式 [J]. 科学学与科学技术管理, 2015, 36 (1): 18-27.

[178] 柳卸林, 王曦, 周聪. 中国创新驱动发展模式的分析——基于前沿地区的考察 [M]. 北京: 科学出版社, 2018.

[179] 柳卸林. 21 世纪的中国技术创新系统 [M]. 北京: 北京大学出版社, 2000.

[180] 陆大道. 京津冀城市群功能定位及协同发展 [J]. 地理科学进展, 2015, 34 (3): 265-270.

[181] 陆大道. 区位论及区域研究方法 [M]. 北京: 科学出版社, 1988.

[182] 陆铭, 向宽虎, 陈钊. 中国的城市化和城市体系调整: 基于文献的评论 [J]. 世界经济, 2011, 34 (6): 3-25.

[183] 陆铭. 城市、区域和国家发展——空间政治经济学的现在与未来 [J]. 经济学 (季刊), 2017, 16 (4): 1499-1532.

[184] 罗成书, 程玉申. 杭州都市圈空间结构与演进机理 [J]. 城市发展研究, 2017, 6 (24): 30-38.

[185] 罗曼·蓝道. 创新的社会性 [M]. 唐宗丽, 陈鸣祥译. 北京: 商务印书馆, 2017.

[186] 马莹莹, 朱桂龙. 影响我国产学研合作创新绩效的行业特征 [J]. 科技管理研究, 2011, 31 (4): 98-100.

[187] 马子红, 于干千, 胡洪斌. 产业转移与产业集聚的实证分析: 以昆明为例 [J]. 经济问题探索, 2010 (6): 58-63.

[188] 毛汉英. 京津冀协同发展的机制创新与区域政策研究 [J]. 地理科学进展, 2017, 36 (1): 2-14.

[189] 那军. 美国与亚洲企业间技术创新要素的流动研究 [J]. 科学管理研究, 2008, 26 (1): 1-4.

［190］彭纪生，吴林海．论技术协同创新模式及建构［J］．研究与发展管理，2000，12（5）：12-16.

［191］曲然，张少杰．区域创新资源配置模式研究［J］．林业经济，2008（8）：37-39.

［192］师萍，李垣．科技资源体系内涵与制度因素［J］．中国软科学，2000（12）：55-56.

［193］苏屹，姜雪松，雷家骕，林周周．区域创新系统协同演进研究［J］．中国软科学，2016（3）：44-61.

［194］孙浩进．产业转移的空间政治经济学研究范式［J］．深圳大学学报（人文社会科学版），2014，31（4）：76-83.

［195］孙浩进．基于劳动力流动和比较优势的国外产业转移理论比较研究［J］．贵州社会科学，2011，256（4）：65-68.

［196］孙夙鹏．长三角地区创新资源配置效率差异研究［J］．统计与决策，2016（24）：112-115.

［197］唐少清，姜鹏飞．基于京津冀一体化视角下的都市圈比较分析［J］．中共青岛市委党校青岛行政学院学报，2014（5）：15-19.

［198］唐运舒，冯南平，高登榜，杨善林．产业转移对产业集聚的影响——基于泛长三角制造业的空间面板模型分析［J］．系统工程理论与实践，2014，34（10）：2573-2581.

［199］涂正革，肖耿．中国的工业生产力革命——用随机前沿生产模型对中国大中型工业企业全要素生产率增长的分解及分析［J］．经济研究，2005（3）：4-15.

［200］王缉慈．创新的空间——企业集群与区域发展［M］．北京：北京大学出版社，2001.

［201］王建．美日区域经济模式的启示与中国都市圈发展战略的构想［J］．战略与管理，1997（2）：1-15.

［202］王莉．产业集聚与产业转移的互动关系［J］．辽宁经济，2005（11）：11.

［203］王庆喜．多维邻近与我国高技术产业区域知识溢出——一项空间面板数据分析（1995~2010）［J］．科学学研究，2013，31（7）：1068-1076.

［204］王小鲁，樊纲，余静文．中国分省份市场化指数报告（2016）［M］．北京：社会科学文献出版社，2017.

［205］王子龙，谭清美．区域创新网络知识溢出效应研究［J］．科学管理研究，2004，22（5）：87-90.

［206］韦影．企业社会资本与技术创新：基于吸收能力的实证研究［J］．中国工业经济，2007（9）：119-127.

［207］吴卫红，李娜娜，张爱美等．京津冀省市间创新能力相似性、耦合性及多维邻近性对协同创新的影响［J］．科技进步与对策，2016，33（9）：24-29.

［208］武剑，林金忠．马克思主义空间政治经济学：研究进展及中国启示［J］．江苏社会科学，2013，4（4）：76-83.

［209］武义青，柳天恩，窦丽琛．建设雄安创新驱动发展引领区的思考［J］．经济与管理，2017，31（3）：1-5.

［210］夏丽娟，谢富纪，王海花．制度邻近、技术邻近与产学协同创新绩效——基于产学联合专利数据的研究［J］．科学学研究，2017，5（35）：782-791.

［211］肖丁丁，朱桂龙．产学合作中的知识生产效率——基于“模式Ⅱ”的实证研究［J］．科学学研究，2012，30（6）：895-903.

［212］肖林，李锋．供给侧结构性改革与中国经济结构调整——新供给经济学的视角［J］．科学发展，2016（6）：18-23.

［213］肖仁桥，钱丽等．中国高技术产业创新效率及其影响因素研究［J］．管理科学，2012，25（5）：85-96.

［214］小岛清．雁行型经济发展论——赤松原型［J］．世界经济评论，2000（3）.

［215］谢守红．都市区、都市圈和都市带的概念界定与比较分析［J］．城市问题，2008（6）：19-23.

［216］谢志宇．产学合作绩效影响因素研究［D］．浙江大学硕士学位论文，2004.

［217］邢乐斌，李君，曾琼．基于创新中心城市比较的重庆市 R&D 资源配置效率研究［J］．城市发展研究，2013，20（1）：36-41.

［218］薛俊菲，顾朝林，孙加凤．都市圈空间成长的过程及其动力因素［J］．城市规划，2006，30（3）：53-56.

［219］亚当·斯密．国民财富的性质和原因的研究［M］．郭大力，王亚南译．北京：商务印书馆，1972.

［220］杨开忠．构建特色区域创新体系的三种途径［J］．人民论坛，2006（4）：17-19.

［221］杨忠泰．基于国家创新体系区域化的区域创新体系建设［J］．科学学与科学技术管理，2008，29（9）：48-53.

［222］姚士谋．我国城市群的特征、类型与空间布局［J］．城市问题，1992（1）：10-15.

［223］叶静怡，宋芳．中国专利制度变革引致的创新效果研究［J］．经济科学，2006，28（6）：86-96.

［224］叶一军，顾新，李晖，陈一君．跨行政区域创新体系下创新主体间协同创新模式研究［J］．科技进步与对策，2014，31（16）：29-33.

［225］易可君．发挥市场在技术创新资源配置的决定性作用［J］．湖湘论坛，2015，28（3）：68-72.

［226］游达明，邸雅婷，姜珂．我国区域科技创新资源配置效率的实证研究——基于产出导向的 SBM 模型和 Malmquist 生产率指数［J］．软科学，2017（8）：71-75.

［227］于洪俊，宁越敏．城市地理学概论［M］．合肥：安徽科技出版社，1983.

［228］余志良，谢洪明，蓝海林．战略网络中的嵌入关系及其特征和影响分析［J］．科技进步与对策，2003（10）：11-12.

［229］贠兆恒，潘锡杨，夏保华．创新型都市圈协同创新体系理论框

架研究［J］. 城市发展研究，2016，23（1）：34-39.

［230］袁家冬等. 我国都市圈理论研究与规划实践中的若干误区［J］. 地理研究，2006（1）：112-119.

［231］张帆. 市场经济条件下政府主导的科技资源配置问题研究［D］. 华中科技大学硕士学位论文，2012.

［232］张杰，郑若愚. 京津冀产业协同发展中的多重困局与改革取向［J］. 中共中央党校学报，2017，21（4）：37-48.

［233］张伟. 都市圈的概念、特征及其规划探讨［J］. 城市规划，2003，27（6）：47-50.

［234］张秀峰，陈光华，杨国梁. 企业所有权性质影响产学研合作创新绩效了吗？［J］. 科学学研究，2015，33（66）：934-942.

［235］张艳，吴中，席俊杰. 区域创新系统的内部机制研究［J］. 工业工程，2006，9（3）：9-14.

［236］张宇硕，赵林，吴殿廷等. 京津冀都市圈建设用地格局与变化特征研究［J］. 世界地理研究，2018，27（1）：60-71.

［237］赵文平，杨海珍. 基于 DEA 的西部区域创新网络效率评价［J］. 科研管理，2016，37（S1）：393-400.

［238］赵玉林，贺丹. 智力密集型城市科技创新资源利用效率实证分析［J］. 中国软科学，2009（10）：109-116.

［239］郑小碧，陆立军. 城市群与协同型市场产业网络的协动机理研究——以浙中城市群与“义乌商圈”协动发展为例［J］. 经济地理，2012，32（2）：71-76.

［240］周寄中. 科技资源论［M］. 西安：陕西人民教育出版社，1999.

［241］周京奎，白极星. 京津冀金融一体化“破局”：模式选择与实现机制［J］. 长白学刊，2017（1）：89-95.

［242］周琼琼，华青松. 政府及市场行为对科技资源配置与技术创新能力影响的实证研究［J］. 科技进步与对策，2015，32（15）：14-19.

［243］周一星. 关于明确我国城镇概念和城镇人口统计口径的建议

[J]. 城市规划，1986（3）：10-15.

[244] 朱桂龙，李奎艳. 大学—企业合作创新绩效影响因素分析 [J]. 科技管理研究，2008（4）：90-92.

[245] 朱俊成. 基于共生理论的区域多中心协同发展研究 [J]. 经济地理，2010，30（8）：1272-1277.

[246] 庄炜玮，刘权乐，刘嘉茵. 基于 DEA 模型的 R&D 资源配置效率及创新能力研究 [J]. 科技管理研究，2014，34（12）：116-119，129.

[247] 邹再进. 对区域创新系统内涵的再认识 [J]. 云南财贸学院学报（社会科学版），2006，21（3）：77-78.